GUERRILHA DIÁRIA

a luta contra "verdades" estabelecidas

Editora Appris Ltda.
1.ª Edição - Copyright© 2024 do autor
Direitos de Edição Reservados à Editora Appris Ltda.

Nenhuma parte desta obra poderá ser utilizada indevidamente, sem estar de acordo com a Lei nº 9.610/98. Se incorreções forem encontradas, serão de exclusiva responsabilidade de seus organizadores. Foi realizado o Depósito Legal na Fundação Biblioteca Nacional, de acordo com as Leis nos 10.994, de 14/12/2004, e 12.192, de 14/01/2010.

Catalogação na Fonte
Elaborado por: Dayanne Leal Souza
Bibliotecária CRB 9/2162

K777g 2024	Koehler, Lauro. 　　Guerrilha diária: a luta contra "verdades" estabelecidas / Lauro Koehler. – 1. ed. – Curitiba: Appris, 2024. 　　79 p. ; 21 cm. 　　ISBN 978-65-250-6464-2 　　1. Brasília. 2. Domingos Martins. 3. Niemeyer. I. Koehler, Lauro F. S. II. Título. 　　　　　　　　　　　　　　　　　　　　　　　　CDD – 800

Appris editora

Editora e Livraria Appris Ltda.
Av. Manoel Ribas, 2265 – Mercês
Curitiba/PR – CEP: 80810-002
Tel. (41) 3156 - 4731
www.editoraappris.com.br

Printed in Brazil
Impresso no Brasil

Lauro Koehler

GUERRILHA DIÁRIA
a luta contra "verdades" estabelecidas

Curitiba, PR
2024

FICHA TÉCNICA

EDITORIAL	Augusto V. de A. Coelho
	Sara C. de Andrade Coelho
COMITÊ EDITORIAL	Marli Caetano
	Andréa Barbosa Gouveia (UFPR)
	Edmeire C. Pereira (UFPR)
	Iraneide da Silva (UFC)
	Jacques de Lima Ferreira (UP)
SUPERVISORA EDITORIAL	Renata C. Lopes
PRODUÇÃO EDITORIAL	Adrielli de Almeida
REVISÃO	Andrea Bassoto Gatto
DIAGRAMAÇÃO	Amélia Lopes
CAPA	Eneo Lage
REVISÃO DE PROVA	Gabriel Fernandez

AGRADECIMENTOS

Agradeço à minha filha, Beatriz, pelas sugestões e críticas e pelo incentivo, além de escrever a primeira orelha do livro. Agradeço a minha filha Daniela, cuja simples existência faz minha vida mais feliz.

*Este livro é dedicado a José Augusto Ferreira Nader (Zezé),
que nos deixou tão cedo e nos faz uma falta imensa!*

ESCLARECIMENTOS

Este livro não tem pé nem cabeça. Pode ser lido a partir do último capítulo ou começando pelo meio, mas preferencialmente pelo capítulo inicial. Depois dele, tanto faz. São assuntos independentes. E como assunto puxa assunto, nem sempre o que está no título será o único tema abordado no capítulo.

Não é um livro de memórias, mas contém. Não é um livro de política, mas contém. Nem é um livro sobre mulheres, mas elas mereceram um capítulo. O livro contém relatos, sentimentos, memórias, opiniões, palpites e outras coisas mais que povoam o meu cérebro.

Ele me lembra o livro *Guerrilha noturna*, de Ênio da Silveira, na forma. No conteúdo não estou no nível do festejado escritor.

A ideia inicial veio de amigos, parentes, que queriam mesmo é que eu contasse a minha vida, não amorosa, mas sexual. Realmente tenho histórias muito interessantes nesse campo. Porém, a minha máxima em meus dias de jovem e, principalmente, de homem maduro, é que o segredo é a alma do negócio.

Encontrei o amor quando já estava idoso. Foi uma epifania. Não vejo razão para conspurcar esse sentimento, relembrando o passado que, repleto de histórias interessantes, foi um grande aprendizado – e sofrimento – que não quero ver exposto ao público.

Assim, resolvi escrever não as minhas memórias, mas coisas que vi e até que vivi, mais como espectador do que como protagonista.

Não espero que este livrinho seja um sucesso, mas que desperte, principalmente nos mais jovens, a vontade de pensar, questionar e ler. Espero que os inspire não a seguir as opiniões aqui expostas, mas a pensar no quanto nós não sabemos e no quanto não devemos ter ideias preconcebidas. A palavra-chave é "por quê?".

A curiosidade é a qualidade que faz luzes se acenderem, que faz o mundo maior e mais interessante.

PREFÁCIO

Quando se pensa, fala ou, principalmente, escreve sobre acontecimentos antigos ou memórias de outros tempos, ficamos tentados a mencionar expressões como "conversar ao pé do fogo" ou "ao correr da pena", como escreveu José de Alencar.

Isso me veio à mente ao ler os escritos do Lauro Koehler, amigo assegurado por uma amizade de quase sessenta anos. Ambos já anciãos, carregamos memórias de tempos idos, ambos já deixamos o futuro lá atrás. Para nós quase tudo é passado. Até mesmo o presente costuma ter cheiro de coisas fenecidas. O passado está presente, rodeia-nos diariamente, impõe-nos relembrar coisas antigas, fatos passados e pessoas que não estão mais aqui; porém, e, ao mesmo tempo, lentamente vai se dissipando por carência de algum sopro de respiração artificial.

Contudo, vejam só: a simplicidade do Lauro em evocar passados é tal que a leitura parece mais uma "conversa ao pé do fogo". Suas inúmeras vidas passadas brotam vivas – e muito vivas – de suas linhas. O menino de rua em Campinho, o jogador de futebol nas peladas ou até mesmo em times organizados, o estudante secundário ou o experiente engenheiro, todos esses Lauros saltam de suas páginas e parece que continuam correndo por aí. E ele aplica o mesmo "pecado" de todo bom escritor: o de nos levar a imaginar que "eu também poderia escrever assim, afinal vivi as mesmas coisas, tive a mesma vida". Ledo engano, como se dizia antigamente. É muito difícil escrever fácil.

Do livro brota também um Lauro opiniático, nada ambíguo, nada hesitante. Derrama seus conceitos com força e convicção, sem medo de chocar. Tendo vivido amplamente, afrontado cada manhã como um novo desafio, forjou conceitos próprios, alguns chocantes, sobre a história antiga e recente do Brasil, sobre a política eleitoral, sobre as religiões ou sobre o futebol – ambiente que frequentou com galhardia. Sem nenhum receio de ferir susceptibilidades ou empalidecer senhoras, fala sobre as mulheres, sobre atitudes masculinas, sobre técnicas de conquista – sempre soube muito bem destilar charme – e como conservar seus colegas e amigos por perto, ainda que repletos de inveja de seu indefinível ar de "não estou nem aí".

Estas memórias são dele e poderiam ser de cada um de nós, seus contemporâneos. Poderiam, mas não são. Primeiro porque não temos esse talento para revivê-las e, segundo, porque nossas vidas não foram igualmente borbulhantes. Resta-nos ler, rir ou chorar, relembrar e, para muitos de nós, lamentar não ter vivido tanto.

Um belo livro, uma bela ocasião para viver de novo, pegando com Lauro Koehler um pequeno empréstimo de seu bem-viver.

CHEQUER HANNA BOU HABIB

Engenheiro civil da Escola Politécnica da UFES desde 1971.
Capixaba de Ibatiba, região do Caparaó, mora em Vila Velha.
Gosta de literatura e cultiva bons amigos com o mesmo gosto

"A conclusão é de que meu estado tem um nome lamentável. "

SUMÁRIO

I
CAMPINHO BERG 17

II
A SANTÍSSIMA TRINDADE 25

III
FUTEBOL 34

IV
NO VENTRE DA BESTA 39

V
AS TORRES GÊMEAS 46

VI
MEU PEQUENO CACHOEIRO 49

VII
MULHER 54

VIII
POLÍTICOS E A REDENTORA 59

IX
VITÓRIA 76

I

CAMPINHO BERG

Acho bom me apresentar logo, evitando, assim, situações que possam parecer inusitadas, mas que são um reflexo do perfil do autor. É bom avisar que começo falando da minha cidade natal, mas que só no começo. Este livro não é autobiográfico nem do tipo "minha vida daria um romance".

Nasci no estado do Espírito Santo, Brasil, na cidade de Campinho, que os idiotas da objetividade (obrigado Nelson Rodrigues), em geral, insistem em chamar de Domingos Martins. Aí começa a confusão. Quem foi esse cara? Há pequena possibilidade de Domingos Martins ter nascido no Espírito Santo. Está mais para baiano ou português – participou de uma pequena insurreição em Pernambuco, onde vivia, e morreu fuzilado com um tiro de arcabuz em Salvador, Bahia. Resumindo, o nosso herói mais cultuado provavelmente é português ou nasceu aqui por acaso, viveu em Pernambuco e morreu na Bahia.

Tornou-se o nosso grande herói por uma possibilidade mínima de ter nascido no Espírito Santo, resolvendo, desse modo, a questão da falta de heróis espírito-santenses, pois o verdadeiro e comprovado herói capixaba foi o caboclo Bernardo. Mas esse não era levado em conta porque era um negro e não um fidalgo, o que o impossibilitava de ser imortal. Aliás, foi morto em um bar por um marido corneado, ou seja, ambos morreram fuzilados, mas o caboclo por razões mais nobres! Mas se algum capixaba tinha as medalhas e os títulos, dados pela nobreza vigente à época, para ser o nosso herói, era o caboclo

Bernardo. Quem sabe a qualquer momento eu fale em Maria Ortiz. De todo modo, seria uma heroína menor.

Mas voltemos à minha terra, que era Campinho de Santa Isabel, povoado que era a sede da comarca e da paróquia católica. Os colonos luteranos desentenderam-se com os católicos, resolveram subir uns poucos quilômetros e fundaram o povoado de Campinho Berg. Com o desenvolvimento que costuma acontecer com povos não católicos, em pouco tempo Campinho Berg impunha-se como sede da comarca. A paróquia católica continua lá em Santa Isabel, para nosso regozijo.

Por falar em paróquia, o padre mais conhecido historicamente, da paróquia de Santa Isabel, ia celebrar a missa em Campinho, cujos moradores, atraídos pelo maior desenvolvimento dali, já se dividiam entre metade católica e metade luterana. O padre Francisquinho tinha duas particularidades: uma era meter a mão no colo das mocinhas para ver se elas estavam usando a indefectível medalhinha e a outra era a capacidade de liquidar a missa em tempo recorde. Vivesse atualmente, estaria no livro dos recordes. Fosse piloto de corrida faria sistematicamente a *pole position*. Tinha o *physique du rôle* do padre de interior: baixinho, gordinho e careca. Quem viu e ouviu jamais esquecerá a sua abertura da missa: "Rrrrrrra missa do hodje", e, dada a largada, era um pau só até o "Et missa est, rrrrramém!".

Vamos continuar com o nosso indefectível padre Francisquinho. Para ser tão ligeiro e apressado, certamente o padre tinha um carro, que era exclusivamente usado para ir e voltar de Santa Isabel para celebrar a missa em Campinho.

Acontece que Francisquinho não sabia dar ré. Como Santa Isabel tinha um acesso de cada lado à BR 262, ele entrava por uma e saía por outra. Em Campinho, ele subia por uma ladeira que havia na entrada da cidade e que ia dar na Igreja, e voltava pela segunda ladeira, do cinema e de Seu Juca (nenhum dos dois me escapará!), virava à esquerda e pronto, estava na direção de Santa Isabel.

E assim ia tocando a vida, quando um dia resolveu parar na loja de seu Odílio (também não me escapa!) para comprar um tecido. Qual foi o seu espanto quando, ao sair da loja, constatou que outro carro (coisa rara naqueles tempos) havia estacionado à sua frente, de tal maneira encostado, que o padre teria que dar ré para conseguir sair. O homenzinho enlouqueceu. Saiu à procura do dono do veículo, mas não obteve êxito.

Entrou no carro, beijou dez vezes o crucifixo, rezou um Pai-Nosso, uma Ave Maria e o Credo, por garantia, engatou a ré, pisou fundo no acelerador e tirou o pé da embreagem (mesmo processo usado para frente). O carro disparou, o hominho entrou em pânico e só foi parar após atropelar o filho de seu Juca e bater em um poste, arrancando lascas, pois naquela época todos os postes eram de madeira.

Desesperado, levou um tempo até ser socorrido. Apesar do atropelado, quem estava em pior estado era o nosso indefectível Francesco, em parafuso, achando que seu próximo destino era o inferno. Agora que já colocamos o padre Francisquinho às portas do inferno, vamos mudar de assunto.

Campinho Berg é uma cidade *sui generis*. Nunca teve ninguém passando fome. Não tem barracos, tipo favela. Certa vez, um mendigo instalou-se em uma calçada, ao abrigo de uma marquise, e começou a pedir esmola. Imediatamente, a população uniu-se, ofereceu a ele um emprego e um lugar para morar. O mendigo escafedeu-se!

O último assassinato foi no início da década de 1960, em 60, 61 ou 62, não me lembro exatamente. Um tio foi morto por um sobrinho em uma "vendeta" familiar. Nenhum dos dois era morador da cidade. As circunstâncias de momento fizeram com que se encontrassem exatamente em Campinho Berg.

Apesar da população predominantemente descendente de alemães, havia famílias de negros na cidade, que nunca tiveram o dissabor da discriminação. Talvez não frequentassem certos lugares porque eram todos pobres. Aliás, outra característica é o fato de não haver nem milionários, nem miseráveis, em Campinho Berg. Os descendentes de alemães tiveram que ficar confinados durante anos devido à guerra e sofriam imensa discriminação. Até este narrador, que é de 1948, enfrentou a discriminação. Se me chamassem de alemão, era porrada na certa.

Mas voltando a Campinho, acredito que essa discriminação e o confinamento, fizeram o povo tornar-se extremamente tolerante e se atentar para diferenças raciais.

Falei do último assassinato ocorrido em Campinho. Há que se falar do último assassinato entre pessoas nascidas na cidade. Com diz o Lito Souza, senta que lá vem história: o corneado era Ulorico Hülle, dono do hotel da cidade e casado com dona Paulina, loira bonita... Franz Saibel, com sua elegância e charme, traçava a mulher do hoteleiro. Ele descobriu e matou a tiros o Franz, bem no centro da cidade, e de dia! Continuou casado com a loira, que eu saiba nunca foi importunado pela justiça, e vida que segue. Mas corrobora aquela história do marido que encontra a mulher com outro no sofá, joga o sofá fora e continua com a mulher. O sofá era Franz.

Aparentemente, para a população de Campinho Berg, esse assassinato foi chocante e um desperdício, pois nunca mais houve qualquer problema quanto a adultério, muito menos assassinatos. O povo, em sua sabedoria, caiu no deixa pra lá e convivem com esses problemas numa boa.

Para se ter uma ideia de como as coisas funcionam em Campinho Berg, em uma madrugada enluarada estávamos eu e Cesar Faria Santos, primo da minha mãe que, apesar de muito mais velho e culto do que eu, era um amigo fiel de todas as horas, e que, aliás, não poderia passar em branco neste texto, tendo em vista o que lhe aconteceu, o que conto mais tarde. Muito bem, estávamos conversando sentados em um beiral de porta de armazém quando avistamos o motorista do ônibus com uma escada no ombro caminhando calmamente pela rua principal. Nós nos encolhemos para não sermos vistos e vimos o motorista colocar a escada em uma janela de um sobrado, cuja parte superior era morada do dono do bar do térreo, que era dotado de um porão, utilizado para jogos de cartas, e onde certamente estava o dono do bar jogando pôquer com os amigos.

Instalada a escada, o cara subiu calmamente para encontrar sua amada, casada com o dono do bar. E nós ficamos à espera do que ia acontecer. Passados cinco minutos falei para Cesar: "Vou tirar a escada", mas fui repreendido pelo primo e desisti da ideia. Após o tempo suficiente para os deleites do amor, o motorista desceu, pegou a escada e foi-se com a mesma calma com que viera.

Campinho Berg era assim. Cada um fazendo o que tinha vontade! E até hoje a cidade de Campinho vive e convive em paz. Campinho sim, Domingos Martins é para os lorpas e pascácios (obrigado Nelson Rodrigues).

Como prometi, não me esqueci do seu Juca, dono da farmácia, um cavalheiro no trato pessoal. Certo dia entrou na farmácia uma senhora do interior, ou seja, de Domingos Martins, e disse ao seu Juca achar que estava gripada, com nariz entupido e muita dor no corpo, pedindo que ele lhe sugerisse um remédio. Seu Juca, com toda presteza e respeito, disse: "Para dor sugiro Novalgina e para a gripe, Apracur". A senhora arregalou os olhos e retrucou: "Seu Juca, o senhor está me desrespeitando. O senhor me conhece e sabe que sou uma mulher honesta". Ela não entendeu o nome dos remédios...

Essa história é boba, porém verdadeira.

Voltando a Cesar Faria Santos, ele matou com um tiro o construtor do relógio da Praça Oito, que toca, acho, a cada hora, um trecho do hino espírito-santense.

João Ricardo Hermann Schorling era mecânico e armeiro, pai da primeira paraquedista do Brasil, a senhora Rosa Helena Schorling, e niquelou uma arma de Cesar Faria Santos, dentista e, à época, com 25 anos.

Ao fazer o pagamento do serviço, Cesar notou que não tinha dinheiro suficiente para cobrir o custo do niquelamento. Ele, então, argumentou com o Sr. Schorling que iria em casa buscar o complemento necessário ao pagamento. O Sr. Schorling disse-lhe que deixasse a arma, que quando completasse o pagamento ele a entregaria. Nesse momento, o revólver estava nas mãos de Cesar.

Cesar tentou argumentar e o Sr. Schorling fechou a porta da oficina dizendo que enquanto não pagasse o total não levaria a arma. Cesar entendeu isso como um insulto, uma vez que se conheciam desde sempre e a casa de Cesar ficava a uns 2 km da oficina. Vendo o Sr. Schorling irredutível, disparou a arma umas três vezes contra o piso de cimento da oficina, tendo uma bala resvalado no chão de cimento e atingido o armeiro. Cesar, então, montou em sua motocicleta, foi para casa e comunicou ao pai que havia baleado Schorling. Imediatamente para lá se dirigiram o pai de Cesar e o médico Dr. Arthur Gerhardt, que constataram o óbito do armeiro.

Cesar entregou-se à polícia e passou um ano em cativeiro, em sala especial (diploma de curso superior), e foi superabastecido de livros para passar o tempo. Como já tinha uma cultura geral muito superior à que seria de se esperar de um homem jovem, passar um ano lendo transformou-o em uma enciclopédia, fato da maior utilidade em tempos em que não havia sequer telefone, quanto menos internet.

A história, como contei, foi a que ele depôs nos autos. Como não havia nenhuma testemunha, seu advogado de defesa utilizou-a, argumentando que se todos acreditaram nele quando confessou ter baleado o Sr. João Ricardo, estariam obrigados a acreditar na sua versão, pois não havia outra. E, assim, ele foi inocentado pelo júri por unanimidade e saiu livre. Quem não o inocentou foi a famosa filha da vítima, que passou o resto de sua vida sem perdoar o assassino de seu pai.

A imprensa capixaba da época aproveitou o sobrenome Faria Santos para estigmatizá-lo já que, anos antes, Lauro Faria Santos, deputado federal constituinte de 1934, assassinou Paulino Müller, prefeito de Vitória. Esse acontecimento merece ser contado, pois além de envolver pessoas notórias tem todo um quê de romance.

Lauro Faria Santos é nome de rua no Bairro de Lourdes, em Vitória, enquanto Paulino Müller é o nome da principal avenida de Jucutuquara (adoro esse nome), o que sempre me levou, quando criança, à seguinte questão: como uma rua mata uma avenida? Parecia-me um despropósito. Mas voltemos à história: Lauro Faria Santos era casado com a filha do Barão de Monjardim, cuja propriedade era tão grande para Vitória que incluía todo o atual Bairro de Lourdes. Como a função de deputado federal era exercida na então capital do Brasil, o Rio de Janeiro, pouco ficava em Vitória o marido da Baronesinha. Vamos respeitar o seu nome.

Por uma dessas falhas habituais do ser humano, assediada por Paulino Müller, a Baronesinha acabou se apaixonando pelo prefeito. Se hoje Vitória é uma cidade pequena, imagine em 1938, quando não passava de uma vila de bom tamanho. Lógico que, rapidamente, o romance chegou aos ouvidos de Lauro, que passou a espionar a mulher e descobriu um bilhete de Paulino marcando hora e local para encontrar sua amante.

Sabedor dessas circunstâncias, no carnaval, Lauro armou uma emboscada, em um mata-burro que Paulino teria que atravessar, logicamente bem devagar, e o matou a tiros de espingarda. Havia, então, no Código Penal Brasileiro, a famosa defesa da honra e a privação dos sentidos por forte emoção, que inocentou o deputado. Mas aí é que a história ganha contornos épicos, pois só as pessoas da família souberam o que se passou após o assassinato.

Ao contrário de Ulorico Hülle, Lauro foi para o casarão da família do Barão, que era onde eles moravam, disposto a matar a Baronesinha também. Ao chegar em casa, deparou-se com sua mãe, Eufrosina Faria Santos, que o interpelou dizendo que, acima do desejo de vingança, ele teria que pensar em não deixar seus filhos (vários) sem mãe. Assim, a pequenina mulher (era baixinha, franzina e viúva) conseguiu demover o filho de mais um ato de violência sem sentido. Lauro concordou, chamou a esposa para conversar e disse-lhe: "Não vou deixar nossos filhos sem mãe, mas a partir de agora não haverá mais esse monte de empregados. Você está só e só há de cuidar de toda a fazenda".

Tive o prazer de conhecer a Baronesinha na década de 1950, e ela havia cumprido com o dever que lhe foi imposto, com grande dignidade, apesar de seu marido ter morrido em 1942, após grande sofrimento físico. A Baronesinha, quando a conheci, ainda dava conta de todos os afazeres e era uma pessoa alegre, aparentemente sem mágoas. Foi enriquecedor conhecê-la.

Esses dois assassinatos estigmatizaram a família Faria Santos por um bom tempo. Depois, à exceção dos familiares das vítimas, caíram no esquecimento, sendo sobrepostos por outros casos trágicos.

Mas quero terminar este capítulo com coisas mais leves, bem ao estilo de Campinho. Três historinhas bobas, mas que mostram o jeito de ser do povo de Campinho Berg.

Quando fui morar lá, três coisas bobas intrigaram-me: o morro da cueca, um time de futebol de garotos que se chamava Paulistinha e um garoto cujo apelido era Cabral, sendo que o nome dele era completamente diferente. Vamos esclarecer.

Segundo o povo, o morro era chamado de da cueca porque seu Odílio (lembram-se? Citei-o lá atrás) foi o primeiro a escalá-lo até o topo, e não tendo como marcar a façanha, pendurou a cueca em uma árvore. A cueca, enquanto durou, era vista pela cidade inteira, dado que o morro era o mais alto dos que circundam a cidade.

O time de futebol de garotos, cuja camisa tinha listas verdes e brancas, era Paulistinha porque o dono do time era Paulo e a camisa era de listinhas!

E o nosso querido Cabral recebeu esse apelido por um erro histórico lamentável. Quando perguntei por que Cabral, a resposta foi curta e grossa: "Porque ele só tem um ovo". Uma associação de ideias dessa, só em Campinho Berg!

II

A SANTÍSSIMA TRINDADE

Quando penso no nome do meu estado, Espírito Santo, lembro-me sempre da decepção que senti ao descobrir por que a Baía de Todos os Santos tem esse nome. Sempre imaginei, encantado pelo clima baiano da fé católica, bem representada em igrejas magníficas, da lavagem do Bonfim, em comunhão com as religiões africanas, dos orixás, da umbanda e do candomblé, das histórias do sincretismo religioso, que o nome da baía fosse em homenagem a este sincretismo. Que maravilha! Só a Bahia para dar o nome do mar que forma a angra que banha a Cidade de Salvador, o Recôncavo Baiano e a Ilha de Itaparica, além de outros lugares paradisíacos, de Baía de Todos os Santos! Da Virgem Maria, de Iemanjá, de São Jorge, de Ogum etc. E eu pensava: esses baianos são arretados! Que nome lindo para a baía de uma cidade em que convivem harmonicamente deuses africanos e santos católicos! Calculem a minha decepção ao constatar que a baía tem esse nome porque foi descoberta em um primeiro de novembro, dia de Todos os Santos católicos. Nunca mais consegui olhar para aquele mar lindo com o mesmo encantamento.

Mas, de toda maneira, o baiano é diferente do resto do país. Vejam bem nesta pequena passagem: estávamos eu e um colega a serviço do DNER (vai dar muito assunto), em Salvador, comendo um acarajé, quando o meu colega, cuja característica era ser gordo e beber um ano, sim, outro, não – esse era um ano não –, pediu ao garçom um suco de laranja sem açúcar. O suco veio, amarelo, *of course*, com uma camada de dois centímetros de açúcar no fundo.

Chamado o garçom, ante a reclamação do colega, com toda calma e educação, ele disse: "Ô meu rei, pois não mexa!".

Mas vamos falar do Espírito Santo. Está na cara que fomos colonizados por um bando de carolas, com o bêbado Vasco Fernandes Coutinho à frente. Pô, Espírito Santo? Podia ser tupiniquim, krenak (crenaque ou botocudo), guarani, coroado, puri, coropó, pataxó, maxacali, temiminó, que eram os índios que habitavam a terra.

Imagine, em tradução livre Ceará significa "onde canta a jandaia", que virou verso na prosa de José de Alencar. Sergipe, rio dos siris. Paraíba, rio difícil de navegar. Goiás, gente da mesma raça, povo semelhante. Pará, rio mar etc. Em tupi-guarani, poderíamos chamar o Espírito Santo de anhangá.

Anhangá seria um nome mais adequado para esse estado do que Espírito Santo, a qual é a menos prestigiosa entidade da Santíssima Trindade católica. Mesmo quando era crente, minha imaginação conseguia entender Deus e Jesus, mas o Espírito Santo é de doer. Só teólogos para explicar o porquê dessa entidade.

Até nossa bandeira tem as cores de Nossa Senhora da Vitória, e depois, como a padroeira passou a ser Nossa Senhora da Penha, vestiram-na de azul, branco e rosa, quando, na verdade, nas imagens em geral, N. S. da Penha aparece em azul e branco.

A bandeira ainda tem uma frase: "Trabalha e confia", que não sei por que eu achava que tinha a ver com o positivismo, como na bandeira do Brasil. Mas não, é tirada de um conselho de Santo Ignácio de Loyola: "Trabalha, como se tudo dependesse de ti; confia, como se tudo dependesse de Deus". Ué, para os crentes tudo não depende de Deus? Calcule a religiosidade desse estado. Por essa razão somos "mais conservadores do que caixa de Maizena".

Isso me fez lembrar uma visita que fiz a uma fábrica de pregos. O dono estava nos mostrando a técnica quando um colega reparou que ao lado tinha outra fábrica de pregos. Ele, então, perguntou ao fabricante que estávamos visitando: "Prego é tudo igual? Aí ao lado estão fazendo pregos do mesmo jeito que o senhor". O fabricante respondeu: "Não, não são iguais. Ali estão fazendo prego católico".

"Por que o senhor está chamando de prego católico?". "Porque na primeira porrada na cabeça ele cai de joelhos!".

Outro dia vi uma explicação para as cores da bandeira do Espírito Santo que dizia candidamente que as cores representavam o céu do estado quando o sol nascia. Lembrei-me imediatamente da bobagem que era, nos meus tempos de colégio, a explicação das cores da bandeira brasileira: o verde eram as matas; o amarelo, as riquezas (ouro); e o azul, o nosso céu. Na verdade, o verde representa a Casa de Bragança, à qual Dom Pedro I pertencia; o amarelo tem sua origem na Casa de Habsburgo, à qual pertencia a Imperatriz D. Maria Leopoldina, esposa de Dom Pedro I. O azul com as estrelas representa uma parte do céu quando da adoção da bandeira, ou seja, já começamos atrasados, uma vez que olhar para o céu é ver o passado.

Voltemos à SS. Nada a ver com Hitler. Santíssima Trindade!

A Santíssima Trindade foi estabelecida no Concílio de Niceia, promovido pelo imperador romano Constantino I, com a presença das ramificações do cristianismo, com o intuito de estabelecer uma versão única.

Puro palpite. O concílio era formado por bispos, diáconos e toda a hierarquia, pela Igreja Católica Romana, pela Igreja Ortodoxa e pela Igreja Assíria. Por coincidência, Constantino, diante de três formas de cultuar o cristianismo, arranjou três entidades para compor um Deus único. A desculpa para esse concílio foi revidar as teorias arianas que não aceitavam Jesus como divindade. Ganhou o bom entendimento, que tornou o cristianismo universal. Tudo comandado por um imperador romano, cheio de crimes nas costas. Mas a entidade máxima do catolicismo acabou não sendo ninguém da santíssima Trindade e, sim, Maria, que aparece no início da história só para servir de meio puro para o filho do homem, que não poderia vir aqui pelo meio sujo e pecaminoso do sexo. Maria tem oração própria, o maior número de templos católicos, música de grandes compositores, inclusive de um brasileiro, Herivelto Martins, que já foi interpretada até por um grupo de rock, inglês ou americano, não sei, e em português!

Depois de alguma pesquisa, concluí que Maria teve mais quatro filhos, entre eles Thiago, e dessa vez pelo método sujo e pecaminoso. E, segundo alguns teólogos, viveu em Éfeso, com João Evangelista. Como um casal? Minha aposta é que sim, pois a casa onde supostamente moravam era tão pequena que propiciava o contato íntimo. Eram João e Maria.

Uma coisa puxa a outra e veio-me à memória o julgamento de Cristo. Imagine-se como parte do povo judeu que compareceu àquele julgamento. Você seria um judeu extorquido por impostos escorchantes cobrados pelos romanos. Lá estão os dois homens esperando o julgamento de quem deverá morrer crucificado. Um breve comentário: quando bem jovem achava que a crucificação era o suprassumo da punição no Império Romano. Na verdade, era reservado basicamente aos ladrões e aos que se insurgiam contra a vontade de Roma.

Estão lá os dois. E quem são eles?

De um lado, Jesus Cristo, que ao ser questionado por pessoas do povo judeu sobre a justeza da cobrança de impostos saiu-se com a frase: "A Cesar o que é de Cesar e a Deus o que é de Deus". Como os judeus estavam, em sua maioria, passando fome para pagar impostos, essa frase deve ter sido um banho de água fria, uma vez que, pela sua popularidade, já estavam vendo o Cristo como, no mínimo, o líder ideal para fazer o povo rebelar-se e, na esperança de alguns, o Messias esperado pelo povo judeu. Decepção total.

Do outro lado, Barrabás (esse nome soava-me como adequado a um bandido, como me fizeram crer na infância), que em hebraico significa "Filho do Pai", já que Bar é filho e Abba é pai. E qual o nome de Barrabás? Segundo alguns estudiosos: Jesus! E qual o crime que o levou a julgamento? Barrabás era zelote e fazia parte do grupo de zelotes que se opunham ao domínio romano. Essa história de que era um bandoleiro só cola para os muito fanáticos e desinformados.

Vamos lá! Estivesse você na multidão de judeus para escolher quem morrer na cruz, quem você escolheria?

A história contada pela Igreja não faz o menor sentido. Por que escolheriam um homem pacífico, com um discurso de salvação, em vez de um bandido impiedoso? O povo, naquela época, era quase todo analfabeto, mas judeu bobo? Nasceu morto!

Segundo a história, Pôncio Pilatos fez de tudo para que a multidão escolhesse Barrabás, sem sucesso.

Vamos rememorar algumas passagens questionadas por Bertrand Russel em seu livro *Por que não sou cristão*.

Ele cita, por exemplo, a expulsão do demônio de três homens que estavam possuídos pelo demo. Essa passagem está em Marcos (5,1-20). Jesus Cristo expulsa dois demônios que atormentavam um homem e o transfere para uma vara (porcos) que passava por ali. Os porcos, então, atiram-se de um precipício, no mar. A reação das pessoas locais foi pedir que o J.C. fosse embora daquele lugar, enquanto o exorcizado pedia para acompanhá-lo. Calcularam o prejuízo do dono dos porcos? A indignação dos moradores locais ao ver tamanho desperdício de proteína animal?

Mateus 21: 18-22

A figueira seca

"[18] De manhã cedo, quando voltava para a cidade, Jesus teve fome. [19] Vendo uma figueira à beira do caminho, aproximou-se dela, mas nada encontrou, a não ser folhas. Então lhe disse: 'Nunca mais dê frutos!' Imediatamente a árvore secou.

[20] Ao verem isso, os discípulos ficaram espantados e perguntaram: 'Como a figueira secou tão depressa?'.

[21] Jesus respondeu: "Eu lhes asseguro que se vocês tiverem fé e não duvidarem, poderão fazer não somente o que foi feito à figueira, mas também dizer a este monte: 'Levante-se e atire-se no mar', e assim será feito. [22] E tudo o que pedirem em oração, se crerem, vocês receberão".

Essas passagens, a primeira que consta do Evangelho segundo Marcos, deve ter sido narrada por judeus ortodoxos que até hoje não comem carne de porco.

A segunda é de Mateus. Então, se a figueira não tinha frutos, só folhas, que a faziam bela, o castigo foi ser seca. Estamos falando de parábolas. Essa não é uma parábola de condenação ao que não é fértil. E para a época não parece uma condenação das mulheres estéreis? Onde há algo minimamente divino em secar uma figueira por estar sem frutos? A mim parece uma história de gente raivosa e imbecil (novamente bebi na fonte de Bertrand Russell).

Não podemos esquecer que os evangelistas não conheceram Jesus Cristo pessoalmente. Eles estão mais para Zeca Pagodinho e o caviar: nunca vi, nem comi, eu só ouço falar!

Outro fato intrigante é a ascensão de Cristo. Ora, se Deus é espírito e se o corpo de todos, quando morrem, vai para a terra e o espírito ascende aos céus (ou inferno, sei lá), por que no caso de Cristo o corpo teria subido aos céus? Que sentido tem essa passagem bíblica? E se o corpo de Cristo foi integralmente elevado aos céus, o sangue derramado na cruz também foi? Com todo o respeito aos católicos, protestantes e outras religiões que consideram Jesus Cristo o filho de Deus, a história do sumiço do corpo da cova onde estava parece-me mais uma iniciativa dos romanos de não deixar existir um lugar em que ele fosse sepultado que se transformasse em um local sagrado. Assim como fizeram com Osama bin Laden. Não estou comparando personagens históricas, apenas motivações.

Esse assunto fez-me lembrar do livro *O Evangelho segundo Jesus Cristo*, talvez o melhor livro que já li, de José Saramago. Com seu jeito sarcástico de escrever, ele revisita a ressureição de Lázaro, quando Cristo chega a Bethânia e encontra as irmãs de Lázaro, pessoa de sua afeição, assim como o resto da família, em grande alvoroço, e lhe dizem que Lázaro havia morrido e que ele, com todo o seu poder, ressuscitasse-o. Jesus pensa um instante e diz não. Ante o espanto da família, que lhe pede uma razão para não fazer o milagre, ele diz: "Ninguém é tão pecador que mereça morrer duas vezes"... Grande Saramago!

Fui falar em Saramago e a memória levou-me a um dos melhores livros que eu já li, *Os astecas*, cujo nome do autor eu não me lembro – pesquisei e não encontrei. Acho que pelo fato de ter lido o livro na década de 1980.

Nesse livro há uma conversa entre o sumo sacerdote asteca e o padre que comandava a turma que iria transformar o México em um país católico.

Diz o padre: "Vocês são politeístas. Isso é inimaginável, esse batalhão de deuses sem nenhuma razão". O sumo sacerdote asteca argumentou que o povo precisava de deuses que o ajudassem a chegar a um Deus maior, Quetzalcóatl, e que pudessem resolver questões menores.

Quetzalcóatl era descrito como o deus do vento. Na maioria dos mitos, ele é filho dos deuses Xochiquetzal e Mixcoatl, estando entre os maiores deuses do panteão asteca e sendo considerado um dos deuses criadores.

Reza a lenda que Quetzalcóatl teria sido concebido de uma virgem, no umbigo da qual uma pomba teria colocado uma pedra preciosa, e a garota teria engravidado. Eu tenho a impressão de que já ouvi uma história parecida, ou não?

Mas voltando à discussão teológica entre o padre católico e o sumo sacerdote asteca, depois de muita argumentação, o sumo sacerdote diz ao padre: "O politeísmo é tão fundamental que vocês não resistiram e dividiram o seu Deus em três, ou seja, a Santíssima (e inexplicável) Trindade".

Comecei no Espírito Santo e fui parar no México. Mas uma coisa puxa a outra, e vamos nós ao sabor dos ventos.

A conclusão é de que meu estado tem um nome lamentável.

O Espírito Santo, coitado, faz divisa com três estados: Rio de Janeiro, Bahia e Minas Gerais. Por que coitado? Dois desses estados já abrigaram a capital do país e o outro era o estado mais rico do Brasil colônia, e continua sendo poderoso, com o maior número de municípios do Brasil. Nós, capixabas, que somos o balneário dos mineiros, divertíamo-nos com as placas dos carros de lá, pois a cada verão descobríamos alguns municípios que nem os próprios mineiros sabiam existir. Aí veio mais uma jabuticaba: todo mundo com placa de Brasil. Alguém explica? E a tomada de três pinos, dispostos de maneira que só existem algumas tomadas que aceitam. Tome jabuticaba. De todo modo, ainda bem que viramos todos capixabas e escapamos da Santíssima Trindade, pelo menos no gentílico.

Aliás, antigamente era capichaba, depois passou para capixaba. Eu achei melhor, mas saí perguntando por quê? Invariavelmente, a resposta era que se tratava de um nome indígena e, portanto, deveria ser escrito com "x". Lembrei-me de Ariano Suassuna, cujo verbete apareceu em uma enciclopédia como Suaçuna. Ariano procurou Sergio Buarque de Holanda, um dos autores da enciclopédia, e perguntou por que seu sobrenome, que desde priscas eras sempre havia sido Suassuna. O pai de Chico explicou que Suaçuna era um nome indígena. Ariano, com aquela voz rouca, retrucou: "Como vocês sabem disso se os índios não tinham escrita?". Claro que Ariano estava coberto de razão, mas ninguém consegue imaginar *morubixaba* escrito com "ch"!

Voltando aos nomes, Abba é como se chama o pai, em aramaico, assim como Bar é filho. Acho muito estranho que, no Espírito Santo, exista uma praia chamada Ubu. Na verdade, inicialmente, a praia e a vila chamavam-se Abba Ubu. Ubu fica entre Vitória e a atual Anchieta, que originalmente se chamava Rerigtiba (lugar de muitas ostras). Reza a lenda que quando o corpo de José de Anchieta estava sendo transportado de Rerigtiba para ser sepultado em Vitória, um dos índios que carregava a maca tropeçou e o corpo de Anchieta acabou caindo no chão. Espantados, os índios gritaram: "Aba ubu!", ou seja, o padre (pai) caiu, já que na língua indígena Ubu significa queda.

Abba em aramaico, Aba em tupi-guarani. Estranho, não?

Assim como é estranho que, em todo o mundo, o prefixo que designa o mundo animal é "zoo". Pois bem, o prefixo usado pelos tupiniquins capixabas para mundo animal é "soo"!

Há um município capixaba onde se encontra uma reserva florestal e zoológica. O nome do município é Sooretama, que significa lugar de muitos bichos. Qual ligação poderia haver entre o mundo conhecido antes das grandes viagens marítimas e os índios do Brasil? Eram os deuses astronautas? Não creio. E que é estranho, é. Se há explicação lógica e histórica não encontrei, então vai aqui como curiosidade.

III

FUTEBOL

Vamos falar um pouco de futebol? O Espírito Santo, pela proximidade, pela pequena população e pelos desníveis econômico e cultural, torce basicamente para clubes do Rio. Atualmente, os mais jovens, além de um clube do Rio, são adeptos de clubes europeus. Mas, no geral, quem gosta de futebol torce para um clube do Rio. Falando nisso, acho interessante esclarecer a origem do termo torcida. Na Argentina, é *incha*, cujo significado seria "adepto"; em Portugal é *adepto*; nos Estados Unidos é *fan* (*football fan, basket ball fan*), na Itália a torcida é *tifosi*, vindo de uma doença que causa febre (deve ser tifo, não?).

Pois bem, no Brasil é torcida, porque no início do século passado, quando se formou a maioria dos clubes de futebol, as mulheres tinham grande presença nos estádios; aliás, o futebol era bem elitista. As senhoras e senhoritas ficavam com seus lencinhos na mão e os torciam nos momentos mais eletrizantes das partidas. Daí vem a expressão torcida para os adeptos de um clube.

Pois não é que a Desportiva Ferroviária inventou a torcida eletrônica? Como os times do Rio aqui jogavam em casa, pois tinham 99% da torcida, a Desportiva apelou para a eletrônica para animar seus jogadores e, se não fosse isso, sentir-se-iam jogando em terra estranha.

Passei minha vida inteira envolvido com futebol. Meu pai foi jogador profissional, técnico profissional, eu mesmo joguei um ano como profissional na Desportiva. Em Campinho Berg, morava a uns quarenta metros do campo de futebol, que era aberto, ou seja, pelada todo dia e jogo para valer aos domingos.

O leitorado (no mínimo, os parentes e amigos) que me perdoe, mas preciso contar uma passagem ocorrida com Garrincha, é, aquele mesmo, aqui no Espírito Santo, e em que fui envolvido. Não gosto de falar de mim e prometo que esta é a única vez em que serei coprotagonista.

O S.C. Campinho foi fazer um jogo em Linhares, contra o time local, que era profissional (o Campinho sempre foi amador) e cuja ponta-direita era Mané Garrincha, já velho e fora de forma, porém ainda uma grande atração. Eu, que jogava de meia-armador, mas que tinha feito carreira como lateral esquerdo, nesse jogo, a pedido do técnico, fui encarregado de marcar Garrincha.

Eu já o conhecia de um jogo em Campinho Berg. Então, ao entrarmos em campo, procurei-o e disse: "Mané, está vendo esse estádio lotado, bem além da sua capacidade? Pois é, como você sabe, todo mundo veio aqui para te ver jogar. Ninguém veio ME ver jogar. Então façamos um acordo. Eu não me antecipo em passes para você, não entro para te desarmar, mesmo que você consiga me driblar. Só depois do drible eu vou jogar para valer, porque, afinal, estou defendendo o outro lado".

Combinação feita, o público vibrou com as ameaças de drible, indo eu, invariavelmente, para o lado errado. Enfim, ele deu uma exibição. Só quando ele ia avançar é que eu interferia. Ele devia ter perto de 40 anos, barrigudo, e eu tinha 23 anos. Na hora de correr, eu ganhava. Assim como ganhamos de dois a um, sendo o gol do Linhares, de Garrincha, de falta. Quem acha que o Mané era só drible não tem ideia da sua visão de jogo e da capacidade de dar passes de trivela com perfeição, além de chutar muito bem. E olha que a minha observação foi do cara já beirando os 40.

Mas toda essa história é para mostrar a sensibilidade e a humildade de um ídolo, pois quando acabou o jogo e eu me virei para ir para o vestiário, o Mané pegou-me pelos ombros, dirigiu-se à torcida e pediu palmas para mim. Foi a única vez na vida que fui aplaudido de pé, até porque a torcida já estava de pé para se retirar.

No dia seguinte, leio no jornal de maior circulação no estado, uma coluna com o seguinte título: "Uma questão de sensibilidade", em que o jornalista retrata o que foi o "duelo" entre o Mané e eu. Já tentei encontrar uma cópia, mas não consegui. Narrei aqui porque essa passagem foi a maior da minha vida e não queria deixar de mostrar a generosidade do maior ponta-direita do mundo em todos os tempos.

Quando joguei na Desportiva eu era o protótipo do alemão: pele clara, cabelo loiro e olhos azuis. Nunca fui tão discriminado como ali. Não só pela solidão, para a qual não ligava, pois os assuntos dos outros não me interessavam. Mas, por coincidência, a Desportiva tinha contratado outro loiro, não com cara de alemão, mas loiro. Certo dia, estava me trocando no vestiário e ouvi alguns negros e mulatos do time dizendo que o técnico, que era bem branco, não gostava de negros e que em pouco tempo todos eles perderiam o lugar no time. Nada mais idiota. O técnico era um dos personagens ligados ao esporte em geral, de maior prestígio e reverenciado por todos os capixabas, brancos, negros, mulatos etc.

Éramos boicotados nos treinos e nos jogos. Eu não ligava muito, pois estava ali só pelo dinheiro, uma vez que já estava no terceiro ano de Engenharia, que na época era uma carreira que remunerava muito melhor do que futebol, que nunca foi o meu objetivo na vida.

Certa vez, já com uns 50 anos, tive um problema no quadril e fui a um médico, que era o diretor-médico do Fluminense e torcedor do clube. Quando lhe perguntei se ele trabalhava no Fluminense pelo amor ao clube ou por dinheiro, ele me respondeu que quando mais jovem o fazia por amor, mas, de tanto conviver com jogador de futebol, passou a trabalhar só pelo dinheiro. E completou, dizendo que jogador de futebol é a pior classe trabalhadora que existe.

Isso me levou a pensar nos milhares de garotos cuja família pode pagar bons colégios, dar tudo de bom para que o menino seja um bom profissional naquilo que escolher ser, e ficam sonhando com os moleques sendo ídolos de futebol, colocando em escolinhas, tentando testes em grandes clubes. Tenho pena, juro. Não que desses milhares não possa sair um craque, um ídolo, um vencedor, um milionário. Sempre é possível. Mas a maioria não tem a menor chance nem tem ideia do que vão passar de humilhação, decepção e discriminação nesse meio. Não que brancos não possam ser craques e vencedores. Temos vários exemplos, mas com exceção de Kaká, ninguém que se torna ídolo mundial vem de família abastada. O futebol ainda é dominado nos campos pelos jogadores de origem humilde. Nem pense em colocar Cristiano Ronaldo fora desse universo. Ele é de família pobre da Ilha da Madeira.

Vamos falar de técnicos, que é um assunto sempre interessante, pois tirando os grandes do mundo, eles são ciganos que não sabem se vão cumprir o contrato de dois anos ou se vão ser demitidos depois de dois jogos. Considero os técnicos o lado mais fascinante do futebol fora das quatro linhas. Atenção! Não são as quatro linhas da Constituição, expressão tão ao gosto de Bolsonaro. Estou falando das quatro linhas do campo, que formam um retângulo, e não das linhas tortas da lei. É a parte antológica do futebol que acontece dentro das quatro linhas, mas fora delas acho o papel, a trajetória, a glória e a desgraça do técnico de futebol veramente fascinantes.

Vou começar com um exemplo que vi de perto. Quando já estava para sair da Desportiva Ferroviária, o técnico era Paulo Emílio, um técnico de prestígio que havia dirigido acho que o Santa Cruz de Recife em seu período mais glorioso e também foi técnico do Fluminense. Durante todo o tempo em que convivi com ele, nunca o vi treinar uma jogada, parar um treino, nada... Ele limitava-se a dar coletivos (titulares contra reservas) e pronto. Não sei se foi assim nos outros clubes que ele dirigiu, mas na Desportiva, pelo menos para mim, foi uma grande decepção.

Hoje em dia, vejo três técnicos serem incensados: Jurgem Klopp, Pep Guardiola e Carlo Ancelotti. Os flamenguistas, *por supuesto*, acham que Jorge Jesus deveria entrar nessa lista. Eu acho que ele está mais para o japonês de Hiroshima que apertou o botão da descarga no exato momento da explosão da bomba atômica. Tipo assim: será que fui eu que causei essa barulheira toda? Mas vamos falar sério.

Começando pelo mais incensado, Guardiola certamente entende muito da sua atual profissão, até porque sua vida foi toda ligada ao futebol. Ele dirigiu os times de três clubes: Barcelona, Bayern de Munique e Manchester City. Primeiro foi o melhor Barcelona de todos os tempos, o quase invencível Bayern de Munique e o Manchester City, que já foi um clube sem expressão, mas que, quando Guardiola foi para lá, comprava quem o técnico pedisse, pois já estava nadando em dinheiro.

Entendo que a realidade do futebol atual é outra, porém sempre fica martelando na minha cabeça que se você juntar pelo menos cinco craques e deixá-los jogar cada qual em sua função, em vinte dias o time estará entrosado. É claro que é necessário alguém que administre as vaidades, que no mundo atual são imensas. Mas se incutir na cabeça de um time de craques a vontade de ganhar, rapidamente o entendimento se dará como se por encanto. Então, acredito mais no técnico que sabe fazer as vaidades remarem todas para o mesmo lado. Fora isso, seria interessante, posto que impossível, ver Guardiola ser o melhor técnico do mundo no Corinthians, Carlo Ancelotti no Botafogo e Jurgen Klopp no São Paulo.

Acho importantes os treinamentos de campo reduzido, mas acabaram com o coletivo, que é quando se treina a realidade do jogo. Não consigo entender.

IV

NO VENTRE DA BESTA

Brasília, enquanto cidade, é injustamente avaliada pelos que lá vão a trabalho.

Normalmente essas pessoas limitam-se ao setor hoteleiro, Esplanada dos Ministérios, Praça dos Três Poderes e restaurantes. Aí vêm os comentários de que Brasília não tem esquinas, Brasília não tem botecos, não tem gente na rua. Ora, não ter esquinas é uma qualidade quando você pensa no trânsito. Realmente, nas vias principais, que garantem grande fluidez do tráfego, não tem esquinas, e tem pouquíssimos semáforos. Que bom!

Vá morar em Brasília e frequente, por exemplo, o centro do Setor Comercial Sul. Se uma pessoa for colocada lá desavisadamente, não vai ter ideia de qual cidade ela está. Tem boteco, tem esquina, enfim, tem tudo de característico de cidades comuns.

Quem lá mora tem acesso a peixes e mariscos, além de outros ingredientes culinários de todo o Brasil e de países próximos. Você encontra "carneiro mamão" do sul do país, farinha de Nazaré das Farinhas, feijão-de-corda, manteiga de garrafa, carne de sol da melhor qualidade, ou seja, é uma cidade que abastece de suas comidas prediletas moradores originários de qualquer lugar do Brasil. Quem lá mora tem acesso à cultura, principalmente no Teatro Nacional, no Centro Cultural Banco do Brasil e no Clube do Choro, além de muitos outros lugares, como museus, auditórios culturais etc.

Não tenho saudade de nada nem ninguém em Brasília, mas tenho saudade da qualidade de vida que a cidade oferece, apesar do período de ar muito seco.

Mas trabalhar lá é outra história. O primeiro ponto a ser considerado é que quem vai lá trabalhar quer fazer carreira, o que leva o ambiente de trabalho a ser extremamente competitivo e "fofocativo". O corretor ortográfico não gostou da palavra.

Trabalhar lá, principalmente para servidores federais, é "entrar no ventre da besta", expressão de Paulo Francis em relação a New York, divulgada por Nelson Mota. É isso mesmo, a expressão cabe perfeitamente para a Esplanada dos Ministérios e adjacências.

O DNER, por exemplo, na década de 1970 era a marca mais conhecida do Brasil, mais do que a Coca-Cola, pois chegava onde nem o refrigerante chegava. Enfim, era um órgão conhecido e respeitado. Antes de acabar o governo de Fernando Henrique I, foi transformado em DNIT. Por que será que isso era necessário se o DNIT tem um espectro de atuação quase igual ao DNER? Não sei dizer. Há muitas teorias, como livrar-se dos mais de trinta mil aposentados e dependentes, pois eles foram lotados no Ministério dos Transportes e o DNIT deu um aumento generoso ao pessoal da ativa. Esse argumento não valeu, pois a associação dos funcionários entrou na Justiça e todos passaram a receber igualmente, com direito a precatório (pago) do valor retroativo.

Outras pessoas juram de pés juntos que foi uma maneira de queimar arquivos. Se foi, não sei, mas houve uma grande queima de arquivos. Se eram comprometedores, não tenho como afirmar.

Posso afirmar que durante o período em que lá trabalhei vi tanta corrupção que eu sempre dizia que se constituíssem uma Comissão de Inquérito no Congresso em função da corrupção desvairada, a República caía. Depois do Petrolão, vi que minha premissa era falsa. O medo que a "redentora" incutiu na classe política é tal que eles carregam a República como se em um andor estivesse.

De todos com quem convivi, o maior corrupto era um engenheiro que eu chamava (só para mim mesmo) de "Speedy Gonzales", tal a velocidade com que passou de engenheiro auxiliar a diretor-geral do DNER. Alguns colegas diziam que Gonzales era mau-caráter, ao que eu retrucava que ele jamais poderia ser mau-caráter, uma vez que para ser mau tem que ter caráter, e ele não era dotado dessa faculdade. Se fosse da patota de Hitler, ele espantaria o grupo, pois com certeza ele seria muito pior do que o pior deles. Hoje está sumido, dizem que no país de sua esposa, mas não tenho nenhuma informação fidedigna. Aliás, nem quero ter.

O ambiente rodoviário, por corrupção e por falta de renovação, transformou-se de um lugar de excelência no passado para um lugar de incompetência desvairada, desleixo com a coisa pública e menosprezo pelos usuários das vias, sejam elas urbanas ou rodovias.

Afirmo e desafio quem discordar que não há, em todo o país, uma rua, uma avenida ou uma rodovia revestida com material asfáltico que seja de qualidade, quer dizer, que cumpra as normas e as especificações vigentes.

Desde o asfalto propriamente dito, até a execução e os materiais, não se faz nada com a qualidade exigida em norma. No entanto, os preços continuam como se tudo estivesse conforme as normas e as especificações.

A besta conseguiu corromper todo o sistema.

Mas deixemos a besta de lado e vamos falar da arquitetura de Brasília. Brasília é uma das cidades mais ensolaradas do Brasil. Pois bem, parte da obra de Oscar Niemeyer é na Esplanada dos Ministérios, um número considerável de paralelepípedos (17) que deveria abrigar os ministérios. A primeira coisa a reparar é que as paredes externas desses blocos são todas de vidro. Ora, com a quantidade de sol que há em Brasília, não havia possibilidade de expor assim esses edifícios. Qual a solução do projeto? Enormes persianas por fora, direcionadas ao contrário da trajetória média do sol durante o ano. Então não se vê, olhando de fora, as paredes de vidro. Qual a razão para isso? O Palácio da Alvorada, com seus magníficos pilares que viraram símbolo de Brasília, só é visto com todas as cortinas fechadas, uma vez que as paredes são de vidro.

O prédio que hoje abriga o DNIT é totalmente revestido de vidro por fora, o que faz com que o edifício esteja sempre com as cortinas abertas. O Palácio do Planalto não foge à regra. Todos os edifícios elencados demandam uma quantidade de ar refrigerado brutal. Não são construções para um país tropical. Veja as nossas construções do período colonial. Paredes grossas, pé direito alto e janelas pequenas. Quem se lembra da arquitetura do Museu de Artes Contemporâneas de Niterói? Pois é, parece um prato fundo. É muito bonito e tem sua parede circular de vidro protegida pelo que seria a beirada do prato. Autor: Niemeyer.

Em Charitas, também em Niterói, há um restaurante no terminal de barcas que tem mais ou menos a forma inversa do MAC, ou seja, lembra um prato fundo de boca para baixo. Peguem um prato fundo, coloquem de boca para baixo, imaginem sua parte inclinada toda de vidro. Pois é, só dá para comer nesse restaurante com ar condicionado a mil, e procure não ficar perto da cortina, senão, com ar condicionado e tudo, você será cozido como a comida. Autor do projeto: Niemeyer!

Quanto aos caixotes que são os ministérios, eu não entendia como, com ministérios de tão diferentes importâncias e, por consequência, de número de pessoal, Niemeyer havia feito todos iguais, em forma e tamanho. Ficou bonita a Esplanada dos Ministérios, mas eu implicava com esse raciocínio de que Niemeyer só havia pensado em estética. Mas comecei a repensar, olhando para o Ministério da Justiça, que não é um caixote, e tem uma arquitetura de rara beleza.

Já foi um grilo na minha cabeça. Recomecei minha análise dos caixotes. A conclusão a que cheguei foi de que, à época de Juscelino, nenhum caixote era pequeno, ou seja, alguns estavam com uma ocupação maior do que os outros, mas todos comportavam o pessoal necessário. Só que hoje, praticamente todos os Ministérios têm grandes anexos na parte de trás, alguns anexos maiores do que o próprio Ministério. Então caí em mim. Eu não estava levando em conta a Hidra de "n" cabeças que apareceu posteriormente, conhecida pelo nome de DAS – Direção e Assessoramento. Superior, que é uma função que pode ser exercida por qualquer pessoa. Não precisa ser funcionário público, não tem escolaridade definida, nada. É a vontade do rei, ou do Baronato, ou, melhor dizendo, dos políticos. Foram criados DAS com cinco níveis, numerados assim: DAS1, DAS 6. Tentei pesquisar e encontrei incongruências. Até um DAS 7 apareceu.

Tentem imaginar, além dos servidores públicos federais comuns, os que têm Função Gratificada, quantos cargos de DAS há no governo federal. Não tem ideia? 90.000 DAS, amigos. Vou repetir, não foi erro de impressão: 90.000!!!

Claro que os edifícios concebidos por Niemeyer não comportam esse absurdo de gente. Assim, vamos fazer puxadinhos. Eu falei puxadinhos? Puxadões!

Há que se dar um mérito ao presidente Itamar Franco. Quando de seu governo, os DAS eram praticamente todos funcionários dos órgãos a que pertenciam.

Apesar dos inúmeros projetos sensacionais do nosso maior arquiteto, acho que às vezes ele se esqueceu da lição do mestre Le Corbusier, que tanto influenciou a nossa melhor geração de arquitetos, inclusive Niemeyer, que pontificou: "A forma segue a função".

Voltando a Brasília, considero o Teatro Nacional a construção mais bonita da cidade. Tem peso, tem massa e parece flutuar no alto de seu pequeno monte. A arquitetura é de Niemeyer, mas são as paredes laterais, com blocos aparentemente sem um alinhamento, que dão ao prédio essa mistura de leve, pesado, levitando. Essas duas paredes são de Athos Bulcão. Aliás, tudo em Brasília assinado por Athos Bulcão é sempre lindo e leve.

O plano urbanístico de Brasília, o chamado Plano Piloto, de autoria de Lúcio Costa, é um primor. Muito verde, vias quase sem semáforos, nenhuma unidade residencial tem sua saída em uma rua de trânsito ou comércio. Havia um simulador de cidades para computador que, à medida que você gerenciava a cidade, ela evoluía ou involuía. Bastava usar o plano de Lúcio Costa e invariavelmente a sua cidade iria se desenvolver. Era um atestado de perfeição dado pela era do computador que não estava ao alcance do gênio Lúcio Costa.

E falando em arquitetura de Brasília, há um fato que parece anedótico, mas é a pura verdade: o projeto de Niemeyer para o aeroporto de Brasília era circular e belíssimo (com certeza teria vidro demais, mas deixa para lá). No entanto, ele só começou a ser construído anos depois da inauguração da cidade. Como já vivíamos sob a tutela da Redentora, o Ministério da Aeronáutica resolveu assumir o projeto e construção do aeroporto, abandonando o projeto de Niemeyer.

O aeroporto construído era um horror, mas, bem ou mal, atendia aos passageiros e às aeronaves que por lá passavam (e pousavam). Epa! Eu disse que atendia às aeronaves? Errei. O Aeroporto Nacional de Brasília era o único do mundo cuja torre de controle tinha só 180 graus. Todos os aeroportos do mundo têm torres de controle de 360 graus. O Aeroporto Nacional de Brasília era uma espécie de Rei Momo: primeiro e único!

O que teria levado o Ministério da Aeronáutica a fazer uma torre de controle só com metade da visão necessária a uma torre de controle? Não encontrei resposta, a não ser na galhofa, porque a parte inexistente era a que seria virada para o Leste, direção da União Soviética. Então ficaremos de costas para os comunistas! Brincadeirinha gente. O curioso é que a rota de maior volume de tráfego aéreo vinha exatamente do Leste, ou Sudeste, se quiserem. Seja como for, a maioria dos aviões comerciais só era visto após passar pela torre, antes era "voo cego". Essa história lembrou-me da frase de Millôr (de Millôr, não minha): "Inteligência militar é uma contradição, em termos".

Brasília foi construída a toque de caixa. Foi inaugurada com menos de cinco anos do início das obras. Já pensaram no custo para os brasileiros? A dívida externa do Brasil foi às alturas, a inflação disparou e, para variar, os pobres ficaram mais pobres. As desigualdades sociais aumentaram. O custo de Brasília foi de U$ 1,5 bilhões à época. Uns U$ 75 bilhões de reais atualmente. Levando-se em conta que o Bolsonaro liberou 93 bilhões de reais em emendas parlamentares, não é tanto assim.

Mas não sei as motivações de Juscelino. Vaidade, ganância, oportunismo? Acho que só não acredito na profecia de Dom Bosco, nem de que a motivação foi que constava da Constituição vigente à época, de 1946.

O que constava da Constituição era que a capital de Brasil deveria ser no centro do país, no Planalto Central. Ora, no Planalto Central existia Goiânia, fundada em 1933, ou seja, 22 anos antes do início da construção de Brasília, uma cidade projetada, distante apenas 209 km da atual Capital. Goiânia atendia a todos os requisitos para ser a capital do país. Por que começar do zero? Por que submeter o povo a esse custo brutal para a época? Bastava fazer as construções oficiais e o resto já estava pronto! Ou pelo menos encaminhado.

Quando lá estava, fiz essa pergunta mil vezes e não obtive resposta.

Política? Vaidade? Interesses escusos? Não sei.

No início deste século, a quantidade de empreendimentos de um senhor, casado com uma neta de Juscelino, era uma grandeza. Não sei se foi coincidência ou se a família tinha muitos terrenos nas mais diversas áreas do Plano Piloto.

V

AS TORRES GÊMEAS

A posição do governo norte-americano de que Israel tem todo o direito de lutar contra o terrorismo deixa muito claro que novamente o caubói encontrou mais um vilão que lhe permite continuar exercendo seu insaciável imperialismo usando a mesma estratégia de encurralar tanto os adversários que os obriga à desesperada e execrada ação terrorista.

Foi assim na Segunda Guerra, quando a maioria do povo americano, escaldada pelo número de americanos mortos na Primeira Guerra, era contra a entrada dos Estados Unidos no conflito, por entender que se tratava de assunto europeu, a ser resolvido entre europeus, apesar dos apelos da Inglaterra, principalmente, para que os americanos participassem efetivamente da guerra. Era claro para o americano médio, por mais caipira que fosse (e continua sendo), que não havia como seu país ser atingido por uma guerra que se travava do outro lado do Atlântico.

O presidente Franklin Delano Roosevelt, que pretendia conseguir seu terceiro mandato consecutivo, o que só se justificaria com a entrada dos Estados Unidos na guerra, havia feito uma promessa de campanha ao povo americano que "Nenhum filho nosso jamais partirá para a guerra no estrangeiro, *exceto caso sejamos atacados*", o que só lhe deixava uma única alternativa: os Estados Unidos serem atacados pelos japoneses, que já estavam sofrendo uma série de embargos (petróleo, p. ex.) americanos e sofriam pressão dos aliados do Eixo, Alemanha e Itália, para que entrassem para valer no conflito.

Uma missão diplomática japonesa esteve nos Estados Unidos tentando negociar uma saída, mas voltou para casa com uma lista de exigências americanas absolutamente inaceitáveis. E conforme esperavam os componentes das mais altas esferas do governo americano, diante da situação insustentável, o Japão pôs em marcha para o Leste a principal parte de sua armada, com seis ou sete porta-aviões.

A Casa Branca julgava que a frota japonesa chegaria no máximo a Wake Island e Midway, e enviou um cabograma, por intermédio do almirante Stark, a todos os comandantes navais do Pacífico, com a seguinte mensagem: "Se for impossível evitar atos hostis, é desejo nacional que o Japão cometa o primeiro ato" (Gore Vidal – *A era dourada*). Essa é a razão pela qual os Estados Unidos assistiram impassíveis ao avanço japonês em direção a territórios americanos. Na véspera do ataque a Pearl Harbor, Harry Hopkins, o personagem do governo mais próximo de Roosevelt, sugeriu-lhe que seria melhor atacar primeiro e ele respondeu: "Não podemos fazer isso. Nosso país é uma democracia, nós somos um povo pacífico. Mas temos um bom histórico", e deixou acontecer.

A História registra outras inúmeras evidências do empenho do governo americano em ser atacado pelos japoneses pelas razões já citadas e também pela percepção de que entrando no conflito no final da guerra, eles seriam os donos do mundo. E tudo correu conforme previsto, apesar do imenso sacrifício que representou para a nação o ataque a Pearl Harbor. Devo este texto a Gore Vidal, que escreveu sobre isso com a maestria e o conhecimento que lhe eram peculiares.

Agora, depois de todos esses anos, o ataque de 11 de setembro passado está justificando a intervenção armada americana em países cujo controle político interessa aos Estados Unidos. A tragédia do Word Trade Center representou a permissão para declarar guerra e invadir qualquer país que abrigue terroristas ou que represente uma dissidência feroz, como o Iraque. Todos os mísseis que estavam com prazo de vencimento pequeno foram lançados no Afeganistão.

Todo o aparato de segurança e informação dos Estados Unidos não foi capaz de detectar uma ação da magnitude da de 11 de setembro, toda montada dentro de seu próprio território, com árabes fazendo cursos de pilotagem, sequestro simultâneo de aviões etc. Tudo muito estranho. Um avião de grande porte ser sequestrado nos Estados Unidos pode ser um azar. Dois ao mesmo tempo, não parece coincidência. E três na mesma hora NÃO pode ser coincidência. Quatro?! Só com muita ajuda do próprio país.

Assim como aconteceu na Segunda Guerra, o meu palpite é de que, em ambos os casos, o governo americano não esperava o tamanho da desgraça.

Este texto é de 12 de setembro de 2001.

Por mais que me pareça paranoia ou uma síndrome de conspiração, não consigo deixar de lembrar de Pearl Harbor quando penso no episódio das torres gêmeas, e aí me vem a pergunta: no duro, no duro, quem ganhou com o monstruoso ataque de 11 de setembro?

Mas deixemos os Estados Unidos da América de lado, o que é sempre de bom senso, visto que a barra lá é pesada.

VI

MEU PEQUENO CACHOEIRO

Raul Sampaio

Eu passo a vida recordando
De tudo quanto aí deixei
Cachoeiro, Cachoeiro
Vim ao Rio de Janeiro
Para voltar e não voltei

Mas te confesso na saudade
As dores que arranjei pra mim
Pois todo o pranto destas mágoas
Ainda irei juntar nas águas
Do teu Itapemirim

Meu pequeno Cachoeiro
Vivo só pensando em ti
Ai que saudade dessas terras
Entre as serras
Doce terra onde eu nasci

Meu pequeno Cachoeiro
Vivo só pensando em ti
Ai que saudade dessas terras
Entre as serras
Doce terra onde eu nasci

Recordo a casa onde eu morava
O muro alto, o laranjal
O meu bom jenipapeiro
Bem no centro do terreiro
Que bonito que ele era
Dando sombra no quintal

A minha escola, a minha rua
Os meus primeiros madrigais
Ai como o pensamento voa
Ao lembrar a terra boa
Coisas que não voltam mais

Meu pequeno Cachoeiro
Vivo só pensando em ti
Ai que saudade dessas terras
Entre as serras
Doce terra onde eu nasci

Sabe meu Cachoeiro
Eu trouxe muita coisa de você
E todas essas coisas me fizeram saber crescer
E hoje eu me lembro de você
Me lembro e me sinto criança outra vez!

> Meu pequeno Cachoeiro
> Vivo só pensando em ti
> Ai que saudade dessas terras
> Entre as serras
> Doce terra onde eu nasci

Quem não conhece esta música? Sucesso de Roberto Carlos, filho da terra, letra e música de Raul Sampaio Cocco, também filho de lá.

Pois bem, a letra original é a que está escrita acima, com "o meu bom jenipapeiro, bem no centro do terreiro". Quem conhece Cachoeiro, pelo clima (quente), sabe que tanto faz plantar jenipapeiro como flamboyant, pois são duas árvores que gostam de climas quentes e úmidos, e isso Cachoeiro tem de sobra. A troca na letra foi muito feliz, ficou muito mais romântica a sombra do flamboyant do que a do jenipapeiro.

Cachoeiro de Itapemirim deveria se chamar Cachoeiro do Itapemirim pelo fato de "cachoeiro" ser o coletivo de pequenas cachoeirinhas que se formam no leito do rio, e o rio, obviamente, é o Rio Itapemirim.

Cachoeiro foi a primeira cidade capixaba a implantar o pedágio, quando da inauguração da ponte de madeira ligando as duas margens do Rio Itapemirim, já que a cidade crescia em ambas as margens.

Segundo Gilson de Souza Eleutério, os documentos históricos mostram que os administradores estabeleceram uma tabela para o pedágio. Mas ao contrário dos dias atuais, quando apenas os veículos pagam, no pedágio cachoeirense do século passado, quem atravessasse de uma margem a outra do rio tinha que pagar.

E havia diferença no valor se a pessoa estivesse calçada ou descalça. E a tabela detalhava muito bem os valores. Pessoas calçadas pagavam 60 réis apenas para uma travessia. Para ir e voltar o valor era de 100 réis, informa o historiador.

Por cabeça de gado, a cobrança era de 120 réis. Se o dono do animal fosse passar com mais de uma cabeça, pagava 100 réis por cada. As aves também não ficaram de fora da cobrança. Se fossem conduzidas ou tocadas, o proprietário tinha que pagar 20 réis por cada uma.

E agora, finalmente, chegou a vez dos "veículos". Carros de boi com eixo fixo carregados pagavam mil réis. Com eixo móvel a cobrança era de 1.500 réis para os carregados e 600 réis para os vazios. Carroças com duas rodas carregadas pagavam 500 réis. Vazias, 200 réis. Os carrinhos liteira (cadeiras portáteis sustentadas por duas varas e levadas por homens ou animais de carga) de duas rodas pagavam 500 réis.

Para quem pensa que as carrocinhas de mão tinham isenção do pedágio, enganou-se. Elas pagavam 500 réis para cruzar de uma margem à outra do rio. E, enfim, qualquer pessoa que atravessasse a ponte carregando mais de 10 kg de café ou outro produto tinha que pagar 10 réis.

Convenhamos que é uma verdadeira aula de sociologia.

Cachoeiro, de Roberto Carlos, Rubem Braga, Carlos Imperial, do poeta Newton Braga (irmão de Rubem Braga) e de muitas outras figuras famosas, inclusive aquelas nascidas em municípios pequenos e perto de Cachoeiro, que o povo tomou para lá, como Darlene Glória, que é de São José do Calçado, pequeno município do sul do estado. Cachoeiro é uma espécie de capital do sul do Estado. Gente famosa do sul acaba virando cachoeirense. O cachoeirense é acima de tudo um bairrista juramentado.

Acontece que Cachoeiro é a "Princesinha do Sul" (a Princesinha do Norte é Colatina), uma espécie de capital do sul do estado, o que lhe deu o direito de posse de famosos nascidos no sul do estado. Se deixar por conta dos moradores mais antigos da cidade, eles vão encontrar vínculos até com Chico Buarque, pois eles juram de pés juntos que o pai de Chico morou lá durante um tempo.

Nara Lofego Leão, filha caçula de Jairo Leão e irmã de Danuza Leão, nasceu em Vitória–ES, e seu pai era um advogado de grande prestígio e de família capixaba. Não sei onde Cachoeiro entra nessa história, mas os cachoeirenses afirmam que ela é de Cachoeiro. Tive oportunidade de conversar com ela, pois éramos parentes por afinidade, e ela me confirmou que nasceu em Vitória, assim como o seu grande mentor, Roberto Menescal.

Acredito que hoje seja diferente, mas no século passado, principalmente até os anos 1970, o cachoeirense sentia que a sua cidade poderia até ser a capital de estado. Realmente, Cachoeiro tinha uma economia bem forte, baseada, sobretudo, no mármore e no leite. Hoje, segundo estatísticas, a população de Cachoeiro até diminuiu, tendo pouco mais de 185.000 habitantes.

Mas o cachoeirense gosta mesmo é do Rio de Janeiro. Está até na música (vim pro Rio de Janeiro pra voltar e não voltei). Nos áureos tempos, seus filhos estudavam no Rio. Vitória nem pensar.

O Rio Itapemirim dividiu a cidade de tal maneira que, em sua margem direita, ficaram os edifícios públicos, o comércio e a maioria dos cinemas (existiam vários). A margem esquerda era eminentemente residencial. Pois não é que apelidaram a margem esquerda de "Niterói"?

Por aí se vê a fissura do cachoeirense pelo Rio.

Os cachoeirenses perdoem-me pelo retrato que faço aqui, mas era assim em grande parte do século passado.

VII

MULHER

Chegamos ao tema em que a maioria das pessoas que me incentivaram a escrever este livro estava interessada.

Antes, quero esclarecer que este capítulo é completamente machista, como era a sociedade nos meus melhores anos. Nada a ver com as mulheres de hoje, respeitadas, empoderadas, apesar de ainda discriminadas, principalmente quando se trata de trabalho.

Às mulheres em geral, meu respeito e admiração. Lendo este capítulo elas vão constatar como o passado recente era pior de se viver para elas.

Que ninguém se engane, o texto a seguir é de um sujeito que já abandonou as lides amorosas e hoje se dedica a tentar ser um bom parceiro da companheira de, já, dezesseis anos, ou seja, os maduros e idosos é que talvez se identifiquem comigo.

Vou começar com uma grande provocação às mulheres, apesar de não concordar com o que vou narrar: no filme *Melhor impossível*, o protagonista (Jack Nicholson) é um escritor de bom conceito, mas uma pessoa cheia de TOC, recluso, mal-humorado e outras "qualidades" mais. Ele entra em um restaurante e ao passar por uma mesa com algumas mulheres de idades variadas, uma o reconhece, diz que é sua fã, e pergunta de onde vem tanto conhecimento do comportamento e da alma feminina. Ao que ele responde: "Senhora, eu não entendo nada de mulher. Quando tenho um personagem feminino eu penso em um homem, tiro a lógica e a responsabilidade, e a personagem está pronta".

Não entendo de mulher. São seres completamente diferentes de nós, homens. A lógica feminina me derrota. Só sei que as mulheres são uma dádiva da natureza. Não tento entendê-las.

Antigamente se dizia que quando a mulher falava "não", você deveria ouvir "talvez". Se ela dissesse "talvez", o entendimento é de que era um "sim". Acredito que hoje isso não exista mais, não só pelo empoderamento (detesto essa palavra e, pelo jeito, o corretor ortográfico também), mas, dizem, também pela escassez do sexo masculino.

Tenho um amigo, velho como eu, que quando éramos mais novos especializou-se em mulheres casadas. Dizia ele, que era casado, que mulher casada não entrega, não chateia, tipo ficar telefonando, ou exigindo mais tempo e atenção, e adora ter uma situação estável em casa e poder desfrutar do proibido ocasionalmente.

Segundo ele, a coisa funcionava assim: o homem faz a abordagem, depois de muito flerte, e a mulher diz "Não", "O que é isso", "Eu nunca saí com ninguém" etc. Após muita insistência ela cede e pergunta: "Mas aonde vamos nos encontrar?". "Ah! A gente se encontra no estacionamento do supermercado, você entra no meu carro e vamos para um motel". "Motel? Tá louco? E se alguém vir a gente entrando no motel?". "Você se abaixa e ninguém vai te ver".

Depois de muita conversa ela topa, com a ressalva de que não pode demorar, pois tem que estar em casa antes do marido. O cara tranquiliza a madame e, um belo dia, lá vão os dois para o motel. Chegando lá, há sempre um jogo de faz de conta que eu não vim transar, mas depois a coisa acontece.

Se o cara é bom na arte, depois de tudo, ela está deitada e ele diz: "Fulana, tá na hora de te levar. Já até passou". E ela, lânguida: "Ah, amor, vamos ficar mais um pouco. Eu dou uma desculpa em casa". Os possíveis leitores sabem que há uma inversão de comportamento do antes para o depois. O homem passa tranquilidade no antes e a mulher, no depois. Ou, como disse o japonês que não quis pagar a prostituta o que tinha prometido: "Pilu dulo, colação mole. Pilu mole, colação dulo".

Alguém, um dia, perguntou-me qual a melhor definição de eternidade. Nem perdi meu tempo. "Vá, diga logo a resposta". E ele: "Eternidade é tempo que você leva do motel até deixar a mulher onde ela determina". Isso é de um cinismo absurdo! Mas, muitas vezes, é verdade.

Outro amigo dizia: "Toda mulher casada com quem eu transo diz que sou o primeiro. Toda mulher solteira que eu transo diz que sou o segundo". Lembrem-se, meus amigos são idosos como eu. Claro que hoje não deve ser assim. Mas na época era. Ele estava com a razão.

Pelo texto é fácil ver que são fatos, memórias, de um ancião.

Onde moro tem uma quadra poliesportiva e de tênis. Como gosto de tênis, vejo-me sempre conversando com a garotada que joga, adolescentes com os hormônios pululando e nunca vi os garotos falando de mulher, adolescente ou não.

Nesta fase da vida, nós jovens só tínhamos dois assuntos, futebol e mulher.

Fico reparando que às vezes passa ao lado da quadra uma garota muito bonita e os meninos nem aí...

Não estou aqui duvidando da masculinidade deles, nem poderia, mas para um idoso parece que o mundo está meio de cabeça para baixo. Será que é válida essa nova classificação de gêneros? Para mim só existem gêneros masculino e feminino. Mas sou como São Francisco Xavier: "Quem tem o seu, dá a quem quer".

Pois muito bem, fui pesquisar e, segundo a Associação de Direitos Humanos de New York, já estão catalogados 31 gêneros diferentes! Aí vão alguns, porque 31 é dose: agênero, andrógino, gênero de fronteira, gênero fluido, gênero neutro, gender-queer, gênero em dúvida, gênero variante, hijra, gênero não conformista, butch, bigênero, não binário, male to female (MTF), female to.

Haja criatividade! Acho que o gênero define-se pelo aparelho reprodutivo. O resto é comportamental e não novos gêneros. Eu, com certeza, para os jovens de hoje, não passo de um homem de Neandertal.

Diante de tal confusão, voltemos às nossas raízes, em que havia homem e mulher. Desde que o homem existe, o seu comportamento nem sempre é convencional, mas a mim parece que, se um homem gosta de homens, ele é homem, apenas seu gosto não é o convencional. O mesmo vale para as mulheres. Sempre foi assim. Sempre existiram comportamentos que fugiam ao padrão homem/mulher. O mundo sempre teve de tudo. Não sei por que o pessoal, sei lá, dos anos 1970 para cá, ao resolver sabiamente "sair do armário", necessita de qualificação de gênero específico.

Já imaginaram se Roma ou Grécia antigas precisassem de tanta classificação?

Soube de um rapaz que, se não falarem, todo mundo acha que é mulher. Segundo informações, ele vai fazer cirurgia de troca de sexo. Na minha concepção, por mais feminina que seja sua aparência e seu comportamento, enquanto o seu órgão sexual for masculino, ele é homem. Depois da cirurgia será mulher. E pronto!

As práticas sexuais não definem gênero.

Quando uma criança nasce, exceto caso tenha má-formação genital, será imediatamente declarado mulher ou homem. Por que o comportamento sexual vai mudar o gênero?

Estou falando do ponto de vista físico e não comportamental.

Em uma entrevista perguntaram ao Ney Matogrosso como ele se classificava sexualmente e ele respondeu que era sexual. Ora, sexual somos todos. Ney Matogrosso acho que é homem, agora, o que ele faz com a sexualidade dele é outra questão, que só diz respeito a ele próprio.

Acho que toda essa salada de classificações de gênero foi criada a partir do tenebroso politicamente correto. Foi um jeito de anular os rótulos, que eram poucos e as pessoas achavam ofensivos. Estou falando de viado (não é veado), sapatão etc.

Fico enlouquecido com o politicamente correto em relação a raças. Tenho e tive colegas, amigos, que não eram brancos e que nunca se importaram em serem chamados pela cor. Acho isso uma besteira. Quando trabalhava no DNER tínhamos um mapa da BR101/Sul do Espírito Santo, onde eram marcados com alfinetes de cabeça preta os pontos de acidentes, que quando muito frequentes eram chamados de "pontos negros". Fomos obrigados a trocar a nomenclatura para "pontos críticos". Quando fui instado a fazer a troca, achei natural, mas falei para a autoridade que mandou trocar: "Tudo bem, não pode ser ponto negro, é depreciativo, ok. Mas se alguém, ao esquecer algo, disser 'Me deu um branco', vou achar ruim, também é depreciativo".

Discordo totalmente dos jogadores negros que se importam de serem chamados de macacos pela torcida adversária. Pelé, quando ia jogar na Argentina, tinha que ouvir o coro: "Pelé, hijo de puta, macaquito de Brasil". A resposta era, invariavelmente, os argentinos saírem com as bandeiras no sovaco, lamentando os golaços do *macaquito*. Os próprios colegas de time chamavam-no de negão, de crioulo, e ele, do alto de sua majestade, não estava nem aí.

Lembro-me do belíssimo gesto de Daniel Alves ao comer, em pleno jogo, uma banana que lhe havia sido jogada. Agissem todos assim e o preconceito perderia a graça. É lógico que quando uma torcida percebe que o que ela grita, ou imita, sei lá, afeta o jogador adversário, ela vai fazer cada vez mais. Antigamente, no Maracanã, quando o goleiro ia chutar a bola, era fatal que a torcida adversária fizesse o coro: "Ô ô ô bichaaaa!". Os goleiros não deram bola, acabou.

Há que se levar em conta que na maioria das vezes, quando alguém diz: "A coisa está preta", não está pensando em negros e, sim, na falta de luz para resolver o problema, ou seja, está vendo tudo escuro e não acha uma solução.

VIII

POLÍTICOS E A REDENTORA

Políticos, de uma maneira em geral, são indivíduos que são solícitos, prometem muito e cumprem pouco, até porque a realidade nunca é como político em época de eleição vê.

Já vi e ouvi muitas frases de políticos, mas a mais aterrorizante foi falada por um político capixaba. Eu sei que a frase não é dele, deve estar sempre sendo repetida, mas quando ouvi foi um desencanto total: "Pedir não é feio. Feio é perder". Essa frase é de um cinismo total e absoluto. E não carece de explicação. Ou você entende a extensão da canalhice, ou não adianta tentar explicar.

Políticos... Há políticos de todos os matizes. Vou tentar exemplificar alguns desses matizes em histórias ouvidas e também lidas de autores como Sebastião Nery, do qual eu era leitor compulsivo.

Vou começar pela minha terra. Em Campinho Berg havia um político que, se não me engano, foi eleito quatro vezes prefeito do município, e que era um político nato, de família política. E não havia essa escrotice da reeleição, que nós devemos a Dom Fernando Henrique I, que, como o Real Madrid, pode esperar, sua hora vai chegar aqui, neste pequeno espaço. Mas voltando ao político da nossa terra, cujo motorista era meu tio, ele acenava para todas as casas que passavam, mesmo sem ninguém à vista. Meu tio lhe perguntou: "Prefeito, por que o senhor acena para casas que estão com as janelas fechadas e ninguém à vista?". E ele: "Sei lá... Pode ter alguém olhando pela persiana".

Ele andava com uma caderneta em que anotava todas as reclamações e reinvindicações do eleitorado. Anotava e dizia: "Vou providenciar!". Conversando com um agricultor, o prefeito perguntou se ele queria algo ou se ele tinha alguma reclamação. O agricultor disse: "Nada não, doutor. O que tá faltando é chuva". Pela força do hábito, ele anotou e soltou o indefectível: "Vou providenciar".

Vou agora de Sebastião Nery. Não tenho mais seus livros (dei de presente), então são as histórias que me ficaram na memória.

Getúlio, presidente – já havia sido ditador – vai ao Nordeste e senta-se na varanda da fazenda de um coronel, tomando seu chimarrão. Ele pergunta ao dono da casa: "Coronel, o que o senhor está achando do meu governo?". O coronel responde: "Dr. Getúlio, o caçador é bom, mas a cachorrada não vale nada".

Há quanto tempo não temos um caçador bom. Só temos a cachorrada que não presta, com honrosas exceções, que não conseguem mudar o panorama.

Vamos continuar mais ou menos nessa época, em que havia um político importante em um estado nordestino que era preto, segundo a classificação atual do IBGE.

Chegou ao presidente da República um telegrama comunicando que o político preto tinha sido vítima de um tiro de revólver. Imediatamente, o presidente mandou um telegrama ao governador local: "Recebi notícia de que o fulano foi alvejado. Solicito confirmação". A resposta: "Só boatos. Continua preto".

A respeito da classificação do IBGE, informamos que preto é preto. Negros são pretos e pardos.

No caso, pela atual classificação, o político era preto mesmo. E não tinha sido alvejado. Aliás, nem haveria como. Isso é mágica para Michael Jackson.

O deputado ia no trem com seu secretário. De repente, ele sentiu que algo entrou em seu olho. "Entrou uma fagulha no meu olho". "Doutor, o trem é elétrico". "Então foi um quilowatt!".

"Chiquinho vem aí

Chiquinho já ganhou
O povo quer Chiquinho
Pra governador...".

Com essa musiquinha tocando nas Rádios, Francisco Lacerda de Aguiar foi duas vezes governador do Espírito Santo. O popular Chiquinho.

Em seu segundo mandato, começado em 31 de janeiro de 1963, aconteceu, logo no ano seguinte, o golpe militar de 31 de março de 1964. Poucos dias depois, o coronel que comandava o 3º Batalhão de Caçadores, que a partir de 1972 passou a se chamar 38º Batalhão de Infantaria, telefonou para Chiquinho, então governador, e perguntou-lhe de que lado estava, afinal, ainda havia grande resistência ao golpe por uma pequena parte das Forças Armadas. Chiquinho, descarado, falou: "Coronel, eu estou do lado da Escola Normal". A Escola Normal, que formava professoras, ficava ao lado do palácio do Governo Estadual. Não colou, e em 1966 foi devidamente cassado pela Redentora.

Quase ao mesmo tempo, o coronel que comandava o Exército em Alagoas visitou o governador Seixas Dórea e deu-se o seguinte diálogo:

— Governador, de que lado o senhor está?

— Estou do lado da legalidade, coronel.

— Governador, o senhor não tem medo de acabar cassado e preso?

— Coronel, eu tenho muito medo.

— Então, governador. É só se declarar a favor da revolução.

— Coronel, o senhor não me entendeu. Eu tenho muito medo do julgamento que meus filhos farão de mim, mais tarde, se eu me puser contra a legalidade.

Foi cassado e preso.

Não sei se o ambiente à época carecia de uma intervenção militar, mas a ideia passada originalmente era que as Forças Armadas fariam uma limpa, tirando do meio político os corruptos e os comunistas e, depois, em 1965, haveria eleições gerais no país.

Será coincidência que toda a América do Sul passou a ser comandada pelas Forças Armadas de seus países?

Talvez a fissura dos americanos com o comunismo, que havia quinze anos instalara-se em Cuba, tenha levado o continente a essa situação.

O certo é que levamos 25 anos para poder votar para presidente da República. Os idiotas da objetividade (Nelson Rodrigues) dizem que ficamos 21 anos sob regime militar, mas o período de governo do "Sarney" eu considero incluído no pacote, uma vez que foi resultado do infortúnio de Tancredo Neves e de eleições indiretas. "Sarney", apesar da bronca em que ficou Figueiredo, não tomaria uma atitude sequer que desagradasse os militares.

Qual era a bronca de Figueiredo, antecessor de Sarney? É que o Sarney havia passado quase todo o período de governos militares no Arena, que era o partido de apoio ao governo, e havia se debandado para o MDB, partido de "oposição", quando percebeu a distensão política, que começou com Geisel e foi completada no governo Figueiredo. Oportunismo puro de Sarney, que, assim como grande parte dos políticos do ARENA, estavam fugindo como ratos da ARENA, que era um navio soçobrando.

O período de governos militares não me atingiu pessoalmente, pois eu precisava trabalhar e estudar e não pensar em política. Mas eu o vivi. E nunca entendi o que os militares temiam. O povo, em geral, não tomava conhecimento de qual era o regime ou o que estava acontecendo nos porões. A soma do povo mais os militares – estou distinguindo porque os próprios militares chamavam o povo de público externo – era tão maior e mais forte do que os dissidentes, que era exagerado o *modus operandi* das forças de segurança dos militares. Talvez, se os militares tivessem dado menos importância ao número ínfimo dos "terroristas" não teriam acontecido sequestros, assaltos a bancos etc., mas o núcleo duro das Forças Armadas via inimigos até na própria sombra. Lembro-me de uma charge, acho que de Ziraldo, em que dois censores estão em suas mesas censurando livros. Um, então, pergunta ao outro: "Fulano, pudibundo é palavrão?".

Censurar Chico, prender Caetano e Gil, arrebentar com Geraldo Vandré, por quê?

Quantas, das quase 12.000 pessoas que estavam no Maracanãzinho entenderam a mensagem? O povo estava cantando porque a música é bonita. A letra é explícita, mas o povão não vai sair por aí com flores para vencer canhões. No campo, mormente no Nordeste, até hoje há fome em grandes plantações. Morrer pela pátria e viver sem razão. Ora, se você se dispõe a morrer pela pátria, você não deve ter outras razões para viver. Afinal, são soldados.

Coloquei a letra aqui para que vejam a mais subversiva canção feita no Brasil e me digam que mal ela causou. Foi proibida. Essa música só tem dois acordes. Enquanto Geraldo Vandré pôde se apresentar, ele ficava tocando os dois acordes e as plateias invariavelmente cantavam a música. Trechos, é claro, pois a letra é bem grande, como se pode ver aqui.

Para não dizer que não falei das flores

Caminhando e cantando
E seguindo a canção
Somos todos iguais
Braços dados ou não
Nas escolas, nas ruas
Campos, construções
Caminhando e cantando
E seguindo a canção
Vem, vamos embora
Que esperar não é saber
Quem sabe faz a hora
Não espera acontecer

Pelos campos há fome
Em grandes plantações
Pelas ruas, marchando
Indecisos cordões
Ainda fazem da flor
Seu mais forte refrão
E acreditam nas flores
Vencendo o canhão
Vem, vamos embora
Que esperar não é saber
Quem sabe faz a hora
Não espera acontecer
Há soldados armados
Amados ou não
Quase todos perdidos
De armas na mão
Nos quartéis lhes ensinam
Uma antiga lição
De morrer pela pátria
E viver sem razão
Vem, vamos embora
Que esperar não é saber
Quem sabe faz a hora
Não espera acontecer
Nas escolas, nas ruas
Campos, construções
Somos todos soldados
Armados ou não
Caminhando e cantando
E seguindo a canção

Somos todos iguais
Braços dados ou não
Os amores na mente
As flores no chão
A certeza na frente
A história na mão
Caminhando e cantando
E seguindo a canção
Aprendendo e ensinando
Uma nova lição
Vem, vamos embora
Que esperar não é saber
Quem sabe faz a hora
Não espera acontecer

    Sem dúvida, essa era a canção mais explicitamente subversiva da época. No entanto, dos milhões que ouviram essa música, ou não sabiam, ou esperaram acontecer. Música não vai derrubar regime nenhum, quanto mais um regime que era aceito passivamente pela esmagadora maioria do povo brasileiro.

    Outros foram muito sutis, como Chico Buarque. Até hoje a maioria das pessoas não sabe que "você", de *Apesar de você*, é o governo militar. Acham que se trata de uma mulher. *Cálice* é outro exemplo.

    Assistam no YouTube o programa do Porchat entrevistando Jô Soares e verão quanta idiotice foi cometida pela imprensa.

    A coisa com Lamarca e Marighela era diferente. O capitão Lamarca era um exímio atirador, que participou de alguns assaltos a bancos, assim como Marighela apoiava grupos armados. Lamarca foi encontrado doente e esfomeado no sertão da Bahia e fuzilado com vários tiros.

Marighela era um político baiano que pregava a luta urbana armada e foi morto com vários tiros na cidade de São Paulo, por uma ação comandada pelo delegado Fleury, que era o comandante da repressão em São Paulo.

Citei esses dois porque, mesmo não concordando, entendo os motivos dos militares tomarem essas atitudes extremas. Mas prender Gil e Caetano? Obrigar Chico Buarque a se exilar? E outros muitos artistas, compositores, artistas plásticos, atores etc. serem perseguidos pelo regime, acho não só cruel como inócuo. Tão inócuo quanto proibir o Balé Bolshoi de apresentar-se no Brasil, ou não permitir a projeção, nos cinemas, do filme Último tango em Paris. Acho que o sucesso de bilheteria que o filme alcançou ao ser liberado depois do regime militar deveu-se mais à proibição do que à qualidade intrínseca do filme.

E Gabeira? Conseguem imaginar Gabeira sendo um perigo para o regime militar? Pois era um subversivo, que participou do sequestro do embaixador Charles Burke Elbrick, na condição de inquilino da casa em que ele foi escondido, se não me engano, em Santa Teresa, no Rio. Depois do sequestro ele levou um tiro e foi preso e torturado, e só conseguiu sua liberdade quando do sequestro do cônsul suíço Giovani Enrico Bucher, que ficou quarenta dias no cativeiro e cujo calvário serviu para libertar 70 presos, entre eles, Gabeira. Vejam o texto a seguir, de Carlos Lucena, que tem os nomes de todos os banidos do território nacional em troca da soltura do cônsul:

"Portanto, mesmo banidos do território nacional, os envolvidos nos sequestros seriam acompanhados de perto pelos agentes da repressão brasileira, exigindo a colaboração internacional, que seria posteriormente corporificada no Plano Condor. Nesse sequestro foram libertos da VPR, os militantes: Almir Dutton Ferreira, Altair Luchesi Campos, Ângelo Pezzutti da Silva, Carlos Minc Baumfeld, Darcy Rodrigues, Dulce de Souza Maia, Edmauro Gopfert, Eudaldo Gomes da Silva, Flávio Roberto de Souza, Ieda dos Reis Chaves, José Araújo de Nóbrega, José Lavecchia, José Ronaldo Tavares de Lira e

Silva, Ladislas Dowbor, Liszt Benjamin Vieira, Maria do Carmo Brito, Melcides Porcino da Costa, Oswaldo Antonio dos Santos, Oswaldo Soares, Pedro Lobo de Oliveira, Tercina Dias de Oliveira. Os demais presos trocados pelo embaixador foram: Aderval Alves Coqueiro, Apolônio de Carvalho, Carlos Eduardo Fayal de Lira, Carlos Eduardo Pires Fleury, Cid de Queiroz Benjamin, Daniel Aarão Reis, Domingos Fernandes, Fausto Machado Freire, Fernando Gabeira, Jeová Assis Gomes, Joaquim Pires Cerveira, Jorge Raimundo Nahas, Marco Antonio Azevedo Meyer, Maria José Carvalho Nahas, Maurício Vieira Paiva, Murilo Pinto da Silva, Ronaldo Dutra Machado, Tânia Rodrigues Fernandes. Vera Sílvia Araújo Magalhães. Alguns desses militantes ficariam muito mais próximos, especialmente aqueles que decidiram ir para o Chile seguirem a luta".

Para se ver a incipiência da luta armada, em um dos dois sequestros – não encontrei em qual deles –, os sequestradores mapearam o percurso que o diplomata fazia e, na véspera, estacionaram um fusca em uma das ruas do trajeto, que serviria de barreira para a passagem do veículo do diplomata, enquanto os sequestradores propriamente ditos viriam seguindo o carro e, nesse ponto, efetuariam o sequestro.

Pois muito bem, no dia aprazado foram obrigados a adiar o sequestro, porque o motorista do fusca tinha esquecido a chave do carro, então não haveria como bloquear o carro da embaixada ou consulado. Talvez essa história não seja contada hoje, pois é meio desmoralizante, mas é real.

Não quero ficar remoendo esse passado sombrio, apenas complementar com o absurdo do voto de Bolsonaro para abrir o processo de *impeachment* de Dilma Rousseff. O cara, em altos brados, disse que votava em nome do coronel Brilhante Ustra, conhecido e reconhecido como o grande torturador da época dos governos militares.

Vejam o que diz a publicação do *Brasil de Fato*: "Ao declarar o seu voto no processo de impeachment da ex-presidente Dilma Rousseff, o deputado federal Jair Bolsonaro (PSL) fez uma homenagem à memória do coronel Carlos Alberto Brilhante Ustra, chamando-o de "o pavor de Dilma Rousseff", por comandar as sessões de tortura contra a ex-presidente, presa durante a ditadura militar.

A fala não foi de improviso, <u>Bolsonaro leu o nome do militar em um pedaço de papel amarrotado</u>. Foi um ato sádico, planejado, covarde e cruel, assim como eram as sessões de torturas em centenas de pessoas que aconteceram em São Paulo, no Destacamento de Operações de Informação – Centro de Operações de Defesa Interna (Doi-CODI), sob o comando do coronel Ustra na ditadura militar, período em que <u>foram contabilizadas 434 mortes e desaparecimentos no país, segundo a Comissão Nacional da Verdade</u>.

Em 2013, quando foi depor na <u>Comissão Nacional da Verdade</u>, décadas após o fim da ditadura, Ustra mostrou novamente a faceta dissimulada e mentirosa ao afirmar que não houve mortes dentro das instalações que comandava.

"[O Doi-CODI] foi um organismo de repressão política construído pela ditadura que misturava agentes da Polícia Civil, da Polícia Militar e do Exército com a informalidade e a agilidade necessária para que eles pudessem agir com a intensidade e a brutalidade com que agiram. O principal instrumento utilizado foi a tortura das pessoas que eram presas, suspeitas de envolvimento com a luta armada ou que tinham algum contato com elas. E são muitos os relatos que envolvem o nome do comandante Ustra na condução dessas torturas", explica José Carlos Moreira da Silva, professor de Direito da PUC-RS.

Crueldade

<u>Sob o comando de Ustra, o terror da tortura</u> não poupou nem crianças.

"Neste caso da família Teles, que é um caso terrível, porque os pais do Edson Teles e da Janaina Teles – na época o Edson tinha 4 anos e a Janaina, 9 –, eles foram torturados brutalmente, e os filhos foram levados até as dependências do Doi-CODI e viram as pessoas torturadas e seus pais machucados. Num primeiro momento não os reconheceram. Eles ficaram ali durante um tempo, sem a presença de nenhum parente e nenhuma pessoa conhecida, sendo utilizados como moeda de troca para que os pais, a Amelinha Teles e o César Teles, falassem o que eles [torturadores] queriam ouvir", disse o professor e membro da Associação Brasileira de Juristas pela Democracia (ABJD).

O caso da tortura da família Teles, em 2008, deu origem à primeira condenação que confirmou como torturador o chefe do Doi-CODI e herói do Bolsonaro.

O Brasil é signatário de acordos internacionais que condenam a prática da tortura desde o final da Segunda Guerra Mundial, com a assinatura da Convenção de Genebra. Por isso as atrocidades comandadas por Ustra e exaltadas por Bolsonaro também eram ilegais, independentemente de quem eram ou o do que fizeram os torturados.

Membro da Comissão da Anistia por mais de dez anos, julgando casos de perseguidos políticos e pessoas que foram presas na ditadura militar, o jurista Prudente Mello tomou conhecimento de centenas de processos que apontavam o coronel Ustra como um dos principais agentes da tortura na ditadura militar.

"Era muito comum ouvir das pessoas que passavam por lá [comissão da anistia], que foram torturadas, reportando sobre o coronel Brilhante Ustra e as práticas de tortura que ele foi responsável. Os relatos ao longo dos processos de pessoas torturadas dão conta disso. Realmente, não tem como esconder ou tentar inviabilizar esse personagem, que foi um personagem triste na história do Brasil. Nós temos que aprender com os erros que foram praticados e cometidos até mesmo para que eles não voltem a se repetir", disse.

Processo

Nesta quarta-feira, 17, a Justiça de São Paulo vai julgar o recurso feito pela família do coronel Ustra na ação civil pública de indenização para a família do jornalista Luiz Eduardo da Rocha Merlino, torturado por mais de 24 horas dentro do Doi-CODI, em julho de 1971. O jovem jornalista de 22 anos agonizou em uma cela solitária na sede do órgão de repressão.

O caráter deplorável do nada brilhante coronel Ustra fraudou a causa da morte, dando conta de que o jornalista tinha cometido suicídio jogando-se debaixo de um caminhão numa estrada.

Aníbal de Castro Lima e Souza, advogado da família do jornalista, falou ao *Brasil de Fato* sobre a relevância histórica de desvendar os crimes da ditadura e seus autores: "É um caso importante, não só ao direito da memória da família do Merlino, que foi brutalmente assassinado pela ditadura, mas também para relembrar para a geração atual e a futura o que aconteceu na história do Brasil", disse.

O advogado também comentou sobre a tentativa de transformar em herói um torturador: "É triste porque, primeiro, é desumano. Segundo, porque ignora as leis e os tratados de que o Brasil é signatário. O Brasil é fundador da ONU, a nossa Constituição veda a tortura. A tortura é definida no Brasil como crime, inafiançável e imprescritível. As pessoas que negam isso ou que relativizam a tortura, na minha opinião, não conhecem a lei. Não acredito que uma pessoa, ao sentar, raciocinar sobre o que está dizendo ou tomar conhecimento de alguém torturado, possa manter essa opinião", disse.

Quando morreu, em outubro de 2015, o coronel Ustra morava em uma casa de alto padrão em uma área nobre de Brasília.

Estou citando a matéria para que os possíveis leitores tenham uma noção da iniquidade que foi o voto de Bolsonaro.

Na verdade, a coisa azedou de vez para os militares quando do "suicídio" de Wladimir Herzog, que foi depor e apareceu morto, enforcado com uma corda a uma altura que bastava ele ficar de pé e não teria sofrido nada. O outro fator foi a bomba que explodiu no colo de um militar, em um puma, nos arredores do Rio Centro, onde estavam acontecendo shows com maciça presença de jovens. Os durões de farda ainda tentaram difundir a ideia de que alguém jogara a bomba dentro do carro. O laudo do médico legista jogou por terra essa cínica narrativa, ao declarar que o epicentro da explosão tinha sido exatamente a genitália do sargento que a mantinha no colo.

Após a falência dos governos militares tivemos o mandato de Sarney, marcado por inflação altíssima, tabelamento de preços e uma enxurrada de concessões de rádio e canais de televisão para os políticos da época. Uma curiosidade: se você perguntar a cem brasileiros qual é o estado mais pobre da Federação, noventa e nove dirão Piauí. Não é, é o Maranhão, que passou décadas sob o domínio do clã Sarney. Ande pelo interior do Piauí e você entenderá por que as pessoas acham que é o estado mais pobre. Sabendo que é o Maranhão, se você andar pelo seu interior é de chorar ver o potencial do estado, e todo esse potencial ser usufruído por uma família e seus acólitos. Sarney é uma praga.

A seguir veio Fernando Collor de Mello, que tinha em Paulo Cesar Faria, o seu tesoureiro particular. Nesse governo, um funcionário do Banco do Brasil de Recife assumiu a Diretoria Financeira do DNER. Esse senhor, muito simpático, convidou-me a tomar uns uísques em um hotel em Brasília. A minha capacidade de ingerir álcool e não falar besteira era muito grande, diferentemente do tal diretor, que se abriu comigo, dizendo que, ao ser nomeado diretor financeiro do DNER, havia sido chamado por PC Faria, que lhe entregou um milhão de dólares e sentenciou: "Você está recebendo essa quantia para não se corromper no DNER. Não faça nenhum negócio escuso".

Que eu saiba, até o *impeachment* de Collor, o cara estava pianinho, exercendo com retidão as suas funções no DNER. Para o padrão de Brasília, apesar de nojenta, foi uma boa tática.

O Collor deu-nos um presente: a abertura dos mercados para importados. Lembro-me dos carros. Havia uma reserva de mercado para Volkswagen, Fiat, GM e Ford. Fabricavam-se aqui os modelos mais obsoletos das respectivas marcas. Aliás, a Fiat furou a barreira já imposta há décadas. Quanto terá custado esse título de sócio do clube?

O próprio Collor falou em altos brados que os brasileiros estavam restritos às carroças das montadoras. Abriu também o mercado de informática, exclusivo da Cobra. Segundo especialistas, o Brasil estava cinquenta anos atrasado em informática. Enfim, ele fez coisas boas, mas havia muita coisa errada e o Elba derrubou-o.

O governo Collor foi muito tumultuado, em parte devido a Paulo Cesar Faria, que fez uma festança em Maceió quando completou o seu primeiro bilhão de dólares. Havia também a questão de Pedro Collor, que denunciou falcatruas do irmão, dizem que por ciúme. Ciúme da própria mulher, ciúme do controle do conglomerado de comunicação da família. Acredito que havia muito mais coisas entre o céu e a Terra do que os aviões de carreira e os urubus de plantão, porque, para meu espanto, fui testemunha ocular de um encontro entre Paulo Cesar Faria e Pedro Collor em um bar de beira de praia em Pajuçara, em que os dois, amistosamente, derrubaram um litro de Joãozinho Andador, rótulo azul, entre risadas e abraços, exatamente no período em que Fernando e Pedro estavam às turras.

Apesar das mil fofocas sobre corrupção, sobre os jardins da Casa da Dinda, onde morava o presidente Collor, ele caiu pela prosaica declaração de ser seu um Elba (Fiat) que transportava seus filhos ao colégio e que, na verdade, comprovou-se estar em nome de Paulo Cesar Faria. Lembro-me do ministro dos Transportes dizer em tom de lamento: "Que bobagem. Bastava dizer que o carro era emprestado...".

"Impichado" o Collor, assumiu o seu vice, o improvável Itamar Franco e seu imenso topete. Foi o melhor presidente para quem era funcionário público com cargo de DAS, uma vez que, durante o seu mandato (1992 a 1995), tivemos uma paz total, pois quase não havia interferência política no nosso trabalho.

O Brasil esqueceu-se de Itamar Franco, o qual foi o pai do Plano Real. Fernando Henrique, que era seu ministro da Fazenda, sociólogo, sem grande conhecimento de economia, ficou com os louros da conquista, que foi elaborada por um grupo de economistas de altíssimo nível.

Itamar só cometeu dois erros lamentáveis: a ressurreição do Fusca e a "genitália desnuda".

Fernando Henrique Cardoso, Dom Fernando Henrique I, ganhou a eleição de 1994, para um mandato de cinco anos. Esse era o período estabelecido na Constituição. A compra de votos no Congresso Nacional começou a ser institucionalizada nesse período, pois o nosso vaidoso Dom Fernando Henrique Cardoso I gostou tanto do cargo que conseguiu, com a ajuda do "trator" Sérgio Motta, alterar a Constituição e implantar esse câncer que é a reeleição no Brasil.

Ora, votamos nele para um mandato de cinco anos. Se suas convicções entendiam que deveria haver reeleição, ele que alterasse a Constituição para o próximo presidente, já que ele, ao conseguir que a mudança na Constituição desse-lhe esse direito, estava contrariando a vontade dos brasileiros, pois quem votou nele votou para um só mandato de cinco anos. Com essa manobra, o nosso príncipe ficou oito anos no poder, à custa de emendas e outros artifícios para conseguir a aprovação do Congresso.

No final do primeiro mandato, para garantir a reeleição, segurou artificialmente a cotação do dólar. Sobre esse fato tenho uma história interessante. Havia eu recebido um precatório e não sabia como aplicar o dinheiro inesperado. Procurei o meu gerente do Banco do Brasil, com quem já havia estabelecido uma relação muito forte de amizade, e aconselhei-me com ele. Pasmem, senhores, o conselho dele foi que eu comprasse dólares. E garantiu que nada seria parecido com o investimento em dólares em questão de meses. Comprei os dólares na agência Central do Banco do Brasil e poucos meses depois, Dom Fernando reeleito, acabou com as amarras artificiais do dólar, o que me fez ter um lucro percentualmente espetacular em pouco tempo. É de se imaginar quanta gente com muito dinheiro ganhou fortunas com essa situação.

Para se ter uma ideia do quanto havia de ânsia em reeleger-se, FHC lançou um programa de recuperação dos pavimentos das rodovias federais, um tapa-buracos, cujo nome, surpreendam-se, senhores, foi o Programa de Valorização da Cidadania. Com a colocação de milhares de placas com esse título, espalhadas pelas rodovias federais de todo o país.

O ministro dos Transportes, Eliseu Padilha, conhecido como "Eliseu Quadrilha", fez uma palestra para nós, técnicos do DNER, e encerrou dizendo que esperava de todos o maior empenho para a reeleição do nosso presidente. Nessa hora comecei a levantar-me para falar umas tantas besteiras para o ministro, mas fui empurrado de volta ao assento da cadeira por algumas mãos de colegas que me conhecem.

Sou adepto de uma monarquia constitucional. Acredito que a palavra de autoridade de um rei, que não tem partido, não tem o poder do dinheiro nem precisa de eleições para manter-se no cargo, pode ser uma coisa boa. Acho que se tivéssemos um rei que fosse respeitado pelo povo não estaríamos com o país dividido como está.

Não acho que a família Bragança esteja preparada para isso, mas se FHC fosse menos vaidoso e mais patriota, seria o nosso rei ideal. Estadista, reconhecidamente culto, inteligente, *doutor honoris causa* em várias universidades estrangeiras, com um herdeiro à altura, Paulo Henrique Cardoso, que, ao contrário de filho de presidentes mais recentes, que não passou de limpador de cocô em Zoológico nem se meteu em política, sujeito a denúncias de rachadinhas etc., preferiu trocar um futuro de adoração e brilhantismo pela política rasteira a que somos submetidos por uma classe política desclassificada, corrompida e outros adjetivos piores, com raras e honrosas exceções, entre as quais, infelizmente, não está aquele que poderia ser Dom Fernando Henrique I. *Le Roi est mort*. Ainda que vivo.

Lula. Dizem as más-línguas que FHC não deu o devido apoio a José Serra porque preferia Lula. Só tenho uma dúvida a esse respeito: no ano da eleição, o Ministério da Saúde, que era dirigido por José Serra – excelente ministro –, recebeu mais verbas do que o resto dos ministérios somados. Mas a vaidade e o narcisismo de FHC transmitem-me que ele teria maior projeção internacional se passasse a faixa para um operário, semianalfabeto, bastante conhecido da política internacional.

Lula sempre declarou que era um sujeito sem estudos, que nunca tinha lido um livro, e achava o máximo, com todas essas limitações, ter chegado à Presidência da República. Péssimo exemplo para os estudantes brasileiros.

Não tenho a intenção de falar de todos os presidentes da República que vieram à frente. Não merecem. Apenas quero completar o advento do PT no poder com um depoimento: quando fui para Brasília, já no aeroporto, havia um funcionário de uma grande empreiteira me esperando. Não sei quem mandou, como sabia a hora do meu voo, nem me conhecia. Só estava lá com uma plaquinha com meu nome.

Fomos direto para a Academia de Tênis, onde o meu acompanhante começou a me registrar. Perguntei quanto era a diária para o tipo de chalé que me estava destinado, e ao ser informado, pedi que o cara me levasse até um hotel, ou um pequeno apartamento, que estivesse ao meu alcance financeiro. O sujeito que me acompanhava tentou argumentar que eu não precisava me preocupar com a diária, mas eu insisti.

Quando o PT chegou ao poder, todas as pessoas levadas pelo partido para o DNIT, detentores de DAS, ficaram na Academia de Tênis.

Lula, Dilma, Temer, Bolsonaro, Lula, todos trabalhando para os mais ricos e dando migalhas aos mais pobres.

Como disse Deng Xiao Ping sobre a Revolução Francesa, "Ainda é cedo para fazer uma avaliação". Imagine avaliar os governos do século XXI.

E, com a ajuda chinesa, eu fujo desses governos que me dão asco.

IX

VITÓRIA

Vitória era um arquipélago, formado por uma ilha maior (Ilha de Vitória) e um sem número de pequenas ilhas ao seu redor, principalmente ao Sul e ao Leste. Ao se expandir foram feitos aterros vários, que acabaram engolindo as pequenas ilhas – ainda sobram algumas. Basicamente, quando você está em alguma região plana da cidade, pode apostar que é um aterro. Temos bairros como Ilha de Santa Maria, Ilha das Caieiras etc., que o mais desavisado não vai entender por que o bairro tem nome de ilha. Eram ilhas antes dos aterros.

Não satisfeita, Vitória tirou um pedaço de terra do município vizinho, ao norte, chamado Serra, então ainda temos um pedacinho de continente, onde se localizam sua maior praia, Camburi, o aeroporto e os portos de Tubarão e Praia Mole. Os outros portos de Vitória ficam dentro da baía de Vitória, que é tão estreita que quando navios entram ou manobram tem-se a sensação de que estão no seco.

Quase todo mundo que vem a Vitória reclama que o povo é muito fechado. É verdade. Somos ilhéus, vai querer o quê? Se passar alguns anos e começar a sentir-se um ilhéu, verá que o povo não é tão fechado assim.

Vitória é muito, muito linda, mas tem algumas histórias escabrosas. Como o "caso Araceli".

O caso Araceli refere-se à morte da menina brasileira Araceli Cabrera Sánchez Crespo (São Paulo, 2 de julho de 1964 – Vitória, 18 de maio de 1973), de 8 anos, assassinada em 18 de maio de 1973.

Seu corpo foi encontrado seis dias depois, desfigurado por ácido e com marcas de violência e abuso sexual. Os principais suspeitos, Paulo Constanteen Helal e Dante de Barros Michelini (Dantinho), pertencentes a famílias influentes do Espírito Santo, foram condenados pelo crime, em 1980, a 18 e 5 anos de reclusão, respectivamente, mas a sentença foi anulada. Em novo julgamento, em 1991, os réus foram absolvidos após extensivo reexame do processo (conforme artigo na Wikipédia).

O uso da Wikipédia não foi preguiça, mas sim, para expor os nomes dos suspeitos sem questionamento pessoal.

Esse caso ensejou a morte de várias pessoas que poderiam testemunhar.

Há também a teoria – há teorias para todos os gostos – de que ela era um "avião", que levava drogas para os citados anteriormente e para outras pessoas também, e chegou no Bar Franciscano, em Camburi, na hora errada. São tantas as versões que quem quiser se inteirar do caso levará dias lendo-as. Ninguém foi preso, que é o que interessa a este livro.

Caso Maria Nilce. Sem entrar em detalhes, Maria Nilce era uma jornalista que escrevia no jornal (um pasquim, com p minúsculo) do marido e que vivia falando mal da *high society* da ilha. Eu disse falar mal? Errei! Ela chamava a mulher de um pelo apelido maldoso, dizia que a mulher de outro tinha sido prostituta no passado. Enfim, escrachava geral.

Certo dia, ela publicou uma matéria dizendo que iria listar os barões da droga em Vitória. Uns dias depois foi assassinada por bandidos pagos, em uma das ruas mais movimentadas da Praia do Canto – bairro nobre de Vitória –, no meio da manhã, ou seja, à luz do dia. Segundo seu filho, foi um recado: não mexam conosco!

Há outros assassinatos feitos à luz do dia, em lugares movimentados, como o do juiz Alexandre Martins, em Vila Velha, em 2003. Ele estava investigando o crime organizado na Grande Vitória. O principal matador foi morto tempos depois.

Grande Vitória é o conglomerado urbano formado pelos municípios de Vitória, Vila Velha, Serra, Cariacica e Viana. Nesse conglomerado vive quase a metade da população do Espírito Santo, que é perto de 3.900.000 habitantes.

Vitória é uma cidade tão gostosa, que inspirou algumas frases e expressões interessantes:

"Viver é ver Vitória".

"Ilha do Mel".

"Esta ilha é uma delícia!".

"Ventória – venta muito!".

"Cidade Sol" – vem de uma música que dizia: "Cidade – sol com o céu sempre azul!". Por ironia, na hora em que escrevo isto, o céu está plúmbeo e com uma chuvinha chata. Chata para a maioria das pessoas, porque eu adoro chuva!

Claro que há um número imenso de cidades que devem inspirar muito mais frases e expressões de carinho do que Vitória, mas Vitória ainda é uma princesa a ser descoberta. E eu espero que demore.